www.tredition.de

AF203978

Abraham Ehrlich

Zur Wesensbestimmung der Philosophie

Die grundsätzliche Bedeutung der Philosophie für die persönliche Orientierung und Lebensführung in der Welt

www.tredition.de

© 2021 Abraham Ehrlich

Verlag und Druck:
Tredition GmbH
Halenreie 40-44
22359 Hamburg

ISBN
978-3-347-24849-6(Paperback)
978-3-347-24850-2(Hardcover)
978-3-347-24851-9 (e-Book)

לעדנה ויונתן, לרחלי ולחגי - ובמיוחד ללביא ויעלי בשם האוטנטיות והאמת

שתנחה את דרכם

Es geht hier wie da um die Reduzierung von Vielfalt, um das Zurückdrängen des Unangepassten. An dessen Stelle rückt immer mehr eine vermeintliche „Authentizität": nicht mehr das „Was" zählt, sondern nur noch das „Wie"

Thomas Bauer

INHALTSVERZEICHNIS

VORWORT

1. Liebe Leserin, lieber Leser, die Epoche, in der wir leben, ist in der gesamten Entwicklung der Menschheitsgeschichte die einzige –, hauptsächlich in dem großen Bereich der sogenannten westlichen Kultur –, in der die freien Räume geschaffen wurden, in denen jede Person ihr Leben so gestalten und führen kann, wie sie es für richtig hält: „Der Mensch ist sein eigener Glücksschmied!"

Trotz aller Vorgegebenheiten, die persönlichen und die weltmäßigen, hat jede Person Rechtsanspruch auf die freien Räume, in denen sie individuell und gemeinschaftlich die Möglichkeit hat, sich nach eigenem Verständnis zu verwirklichen. Verblüffend groß ist dementsprechend die Vielfalt in den Gesellschaften der westlichen Kultur.

Es handelt sich um eine Entwicklung, die Jahrtausende andauerte. Zwei Einflussquellen haben dabei eine zentrale Rolle gespielt: Die Philosophie, sowie die jüdisch-christlich religiösen Traditionen. Getragen wurde diese Entwicklung von zwei Grundbestimmungen: **Die Eigentümlichkeit des Wesens des Einzelmenschen und die Einheit der Menschheit**.

Insgesamt führte diese Entwicklung zu immer klarerer Erkenntnis der Besonderheit des Individuums wie auch zur Bestimmung des seinem Wesen angemessenen gesellschaftlichen Rahmens. Ob der religiös oder weltlich verstandene Mensch: Ein Grundsatz bring die beiden oben genannten

Grundbestimmungen zum klaren Ausdruck: **„Die Würde des Menschen ist unantastbar!"**[1]

Diese Entwicklung, die noch im Gange ist, lief und läuft jedoch nicht ohne heftigen Widerstand: Einerseits die Relativierung des Standes des Individuums, andererseits die Sprengung der Einheit der Menschheit wie auch der der Einzelgesellschaften in betont homo- und transphobischen und darüber hinaus in betont nationalen und/oder rassischen Gruppen mit den entsprechenden Überlegenheitsgedanken.

Das Problem der unterschiedlichen Varianten des Absehens von der grundsätzlichen Würde des Menschen trägt leider auch ganz alltägliche Züge, die in jedem Bereich des Alltagslebens spürbar sind. Einer der schlimmsten Formen dieses Problems befindet sich ausgerechnet in dem Rahmen, in dem sich jeder am sichersten und am gebogensten fühlen sollte: **zu Hause!**

Im Zuge der Corona-Pandemie hat sich die häusliche Situation so weit verschlimmert, dass der UNO-Generalsekretär António Guterres dazu Stellung nehmen musste:

„UN-Generalsekretär António Guterres hat die zunehmende häusliche Gewalt gegen Frauen und Mädchen in der Corona-Pandemie scharf verurteilt. In einigen Ländern habe sich die Zahl der Notrufe von Frauen an Hilfseinrichtungen verdoppelt, sagte er am Sonntag in New York.

In den vergangenen Wochen sei weltweit ein schrecklicher Anstieg von Schlägen und Angriffen auf weibliche Haushaltsmitglieder zu verzeichnen gewesen.

---

[1] Artikel 1 des Grundgesetzes für die Bundesrepublik Deutschland

In der harten Zeit der Ausgangssperren und Quarantänen müsse „Frieden zu Hause" herrschen, verlangte Guterres. Die Staaten müssten den Schutz von Frauen und Mädchen vor Gewalt durch ihre Partner, Väter oder andere Mitbewohner in ihre Reaktionspläne gegen die Corona-Pandemie aufnehmen. Internet-Angebote für Frauen und Mädchen müssten erhöht werden. In Apotheken und Lebensmittelläden sollten Notfallrufsysteme installiert werden und Schutzheime für Betroffene müssten zu den systemrelevanten Einrichtungen zählen."[2]

Die Rolle der Philosophie in der Klärung und Bestimmung der eigentümlichen Würde des Menschen ist zentral. Insofern erachte ich es als besonders wichtig, erstens die Wesensbestimmung der Philosophie näher zu betrachten und zweitens dabei zu zeigen, wie Formen und Ausdrücke der Vielfalt zum wahren Menschenverständnis wesentlich sind.

2. *Das Menschliche*, abgesehen vom Phänomen des Lebens und von der Wirklichkeit als Ganzem, ist die *einzige* Größe in unserer Wirklichkeit, die als *absolute* Größe bestimmt ist. Alles andere ist in dieser oder jener Hinsicht im Verhältnis zu diesen Größen bestimmt bzw. bestimmbar.

Das Menschliche ist wie die Lichtgeschwindigkeit absolut in dem Sinne, dass *es sich unter keinen Umständen verändert*: Die Größe „das Menschliche" oder „die Menschlichkeit des Menschen" und insofern „der Mensch" ist von der Art, dass **es keine Möglichkeit gibt, diese Größe zu denken, ohne sie dabei in ihrem vollem Umfang vorauszusetzen.**

---

[2] 6. April 2020, https://unric.org/de/06042020-guterres/

Mit anderen Worten: Es gibt *keine Möglichkeit,* über den Menschen *sinnvoll* zu sprechen, ohne ihn dabei *so wie er ist, ganz vorauszusetzen.*

Diese Tatsache verleiht dem Menschen seine *privilegierte Stellung* im Kosmos bzw. in der Welt: Diese Tatsache verleiht dem Menschen seinen **absoluten Wert,** was nichts anderes als die **Würde des Menschen** bedeutet, eine Bestimmung, die ihrem Wesen nach *absolut* ist.

Diese Bestimmung hat *sehr konkrete und sehr bedeutende* Folgen: Man kann die Menschlichkeit eines Menschen nicht in Frage stellen, ohne dabei *gleichzeitig* (zeitlich und grundsätzlich) die *Menschlichkeit überhaupt* und somit die *eigene* Menschlichkeit in Frage zu stellen.

Denn die Menschlichkeit an sich wird zwar individuell verwirklicht und getragen, sie ist aber, genauso wie die Naturhaftigkeit oder die Wirklichkeit einer Sache, keine „private" Eigenschaft einer Sache bzw. eines Menschen, sondern sie ist ursprünglich *un*persönlich, allgemein und absolut in ihrer Gültigkeit. Mit anderen Worten heißt das: *Einem Menschen die Menschlichkeit abzusprechen, bedeutet die gleichzeitige absolute, totale Aufhebung der Menschlichkeit bzw. des Menschlichen überhaupt!*

Wenn klar ist, dass man die Naturhaftigkeit und die Wirklichkeit einer Sache nicht in Frage stellen kann, ohne dabei die gesamte Natur bzw. die gesamte Wirklichkeit wie die Gesetzlichkeit, die sie zu dem bestimmt, was sie tatsächlich ist, *ganz aufzuheben,* so scheint dies beim Menschen leider nicht selbstverständlich zu sein, wie uns die geschichtlichen Beispiele der Sklaverei und der Schoa (des Holocausts) zeigen.

Besonders die nationalsozialistische Ideologie hat diese abartige, absurde Idee zur theoretischen und weitgehend auch zur konkreten Vollendung des Vorhabens in der Endlösung der Judenfrage voll zum Ausdruck gebracht.

Die Vorstellung, dass die Juden „ihrer Natur nach" keine Menschen, sondern Untermenschen sind, und von einer Art, die das Bestehen des deutschen Volkes sowie der gesamten Menschheit gefährdet, war keine unverbindliche Vorstellung, sondern eine Lehre, die nazi-wissenschaftlich nicht nur formuliert, sondern sehr intensiv erforscht und „begründet" wurde. Dies war eben deshalb so wichtig, weil sich, wenn Juden tatsächlich, also wissenschaftlich begründet, ihrem Wesen nach, ihre Stellung außerhalb des Bereichs der Menschlichkeit haben und darüber hinaus eine konkrete Gefahr darstellen, damit ihre Vernichtung ethisch endgültig begründen lässt. So kann man auch das menschliche Gebot schlechthin formulieren und von den „Übermenschen" die psychischen und die physischen Anstrengungen verlangen, diesen Feind der Menschheit endgültig zu eliminieren, was dann ja geschehen ist. Insofern *handelt es sich in diesem Fall nicht bloß um einen Zivilisationsbruch, sondern um eine **tiefe Wunde in der Menschheitssubstanz**.*

3. Wir haben oben die Würde des Menschen erwähnt und die Tatsache ihrer besonderen Gültigkeit betont. Die Besonderheit des Menschen zeigt sich in zwei Momenten des menschlichen Wesens: Ein **universeller** und ein **individuell-persönlicher** Moment. Alle Menschen, der Vergangenheit, der Gegenwart und der Zukunft, sind einerseits **absolut identisch** und andererseits **absolut unterschiedlich**.

Als Menschen, d.h. in Bezug auf **das Menschliche** an sich, sind **alle Menschen ohne Ausnahme absolut identisch**; als **Individuen** aber sind sie **absolut unterschiedlich**.

Die Betonung der Würde des Menschen will dieses doppelte Wesen des Menschen betonen und zum konkreten Ausdruck bringen

Im ersten Artikel, Absatz 1 des Grundgesetzes für die Bundesrepublik Deutschland ist diese besondere Bedeutung der Menschenwürde folgendermaßen formuliert: „Die Würde des Menschen ist unantastbar. Sie zu achten und zu schützen ist Verpflichtung aller staatlichen Gewalt". Worin besteht das Wesen dieser Würde des Menschen, die nach dieser besonderen Art von Schutz verlangt?

Grundsätzlich zeigt sich die Würde oder die Ehre eines Menschen in dem Maße, in dem andere Menschen ihm gegenüber ihre *Wert-Schätzung* erweisen. Die Quelle und das Maß dieser Wertschätzung sind sehr unterschiedlich je nach Kultur, gesellschaftlichen Normen und persönlicher Einstellung: Geschlecht, Alter, Macht, gesellschaftlicher Rang, Geld, Amt, Weisheit und so weiter und sofort. Auch die Art, wie diese Wertschätzung konkret zum Ausdruck kommt, variiert je nach Zeit, Ort, Kultur, Gesellschaft und Person.

Grundsätzlich besitzt jede Sache und jede Entität einen bestimmten Wert. Dieser Wert gründet sich aber nicht bloß im Wesen einer Sache oder einer Entität, sondern im Bestehen einer *wertenden Person* wie auch in der persönlichen Einstellung dieser wertenden Person zu diesen Sachen oder Entitäten. Die Fülle und die Vielfältigkeit der menschlichen Gefühlsweisen, Bedürfnisse und Einstellungen ist der Grund der Vielfältigkeit und der Verschiedenartigkeit der Wert-

Schätzungen, von ganz negativen bis zu ganz positiven, wie auch der Grund für die Abwägung des Wertes verschiedener Sachen und Entitäten untereinander. Insofern ist es *der Mensch*, der den Dingen und Entitäten ihren Wert *verleiht*. Dementsprechend sind sie, je nach urteilender Person, mehr oder weniger wert-voll.

Bei dem Versuch, den Maßstab für die Bestimmung der Wert-Schätzung („Wichtigkeit") des **Menschen als solchen** festzulegen, ändert sich dieses Bild *vollständig*.

Zunächst muss betont werden, dass Wert-Schätzung immer eine persönliche Bestimmung eines Einzelmenschen ist, auch wenn eine solche Bestimmung institutionalisiert und so zu einer gesellschaftlichen, nationalen, rechtlichen, religiösen, moralischen oder sonstigen Norm werden kann. Des Weiteren betrifft die Wert-Schätzung alles, was in seiner Bedeutung isoliert werden kann und so mit dem Maßstab der Wertschätzung gemessen werden kann.

Mit dem Menschen verhält es sich jedoch grundsätzlich anders. Die Person ist zwar Trägerin des Menschlichen überhaupt oder der Menschlichkeit schlechthin, sie kann sich aber vom Menschlichen an ihr nicht distanzieren und es messen. Das käme dem Absprechen des Menschlichen gleich. *Das Menschliche am Menschen steht außerhalb der Reichweite einer jeden möglichen Be-Wertung!*

Der Ausdruck „Würde des Menschen" bezieht sich auf die absolute Eigentümlichkeit des Menschen als solchen und er will die Tatsache der **absoluten Besonderheit und der absoluten Einzigartigkeit** des Menschen als solcher **im Rahmen der Wirklichkeit** betonen.

Wenn die herkömmliche zugeschriebene Würde den *Unterschied* zwischen Menschen betont, betont die Würde des

Menschen das, was allen Menschen *ohne Ausnahme gemeinsam* ist: ihre **Menschlichkeit und ihre individuell geprägte Persönlichkeit.** *Alle Angehörigen der Menschheitsfamilie besitzen als solche einen absoluten Status, der* **universal in seiner Gültigkeit** *ist, also ein Status, der immer, an jedem Ort und* **ohne Ausnahme** *gilt.*

Man kann natürlich die Besonderheit des *Menschen als Menschen* dadurch zeigen und betonen, indem man den Menschen mit den Tieren vergleicht. Damit kann man aber *nicht mehr als die Tatsache zeigen und betonen, dass* **der Mensch als solcher sich von den Tieren absolut unterscheidet.** *Worin* dieser Unterschied besteht, das kann man damit nicht zeigen.

Die Besonderheit und die Einzigartigkeit des Menschen als solchen sind eben *absolut.* Das heißt, diese Besonderheit und diese Einzigartigkeit werden *nicht durch einen Vergleich mit Gleichen bzw. Ähnlichen* bestimmt, wie es üblicherweise bei *inner-weltlichen* Bestimmungen von Besonderheit und Einzigartigkeit der Fall ist. Mein Kugelschreiber, mit dem ich schreibe, kann nur im Vergleich mit anderen Kugelschreibern oder mit ähnlichen anderen Schreibmitteln als besonders oder einzigartig bestimmt werden. Ansonsten hat der Vergleich keinen Sinn.

Mit der Menschlichkeit des Menschen bzw. mit dem Menschlichen verhält es sich ganz anders. Besonderheit und Einzigartigkeit des Menschen bestehen doch gerade darin, dass der Mensch die *einzige* Entität in dieser Welt ist, die die Grenzen der Natur sprengt und sich, *als das, was sie ist, und als das, was sie sein soll,* in einem Akt der **Selbstbestimmung** in den **Gesamtzusammenhang** der Wirklichkeit setzt.

Das heißt, die Besonderheit und die Einzigartigkeit des Menschen bestehen eben darin, dass er *als das was er* **ist** *und als das, was er sein* **soll**, ohne einen möglichen Vergleich mit etwas anderem das ist, was er ist. Der Mensch entwickelt sich nicht bloß, sondern er **soll** durch **Selbst-Bestimmung** wachsen und reifen: Darin besteht seine Würde!

Zum besonderen Dank bin ich meinem Sohn Jonathan verpflichtet, der mir bei der sprachlichen Gestaltung des Manuskripts eng zur Seite stand. Für die Betreuung der Publikation meines Buches möchte ich mich bei Frau Theresa Reichelt und beim Publikationsteam des „tredition"-Verlags herzlich bedanken.

Einleitung:
ZUR BEDEUTUNG DER BESCHÄFTIGUNG MIT PHILOSOPHIE[3]

*1.*Ich möchte mit einer Kurzgeschichte von Tolstoi beginnen, die für die Philosophie, wie ich sie verstehe, und für die Bedeutung der Beschäftigung mit ihr allegorisch ist. Diese Geschichte erzählt von zwei Klosterbrüdern, die davon gehört haben, dass in einem fernen Land ein Turm steht, an dessen Spitze sich eine Tür befindet, die zum Himmelreich führt. Da sie sich selbst, wie auch das Leben ernst nahmen, machten sie sich auf den Weg und scheuten dabei keine Mühe und kein Leid, um ihr Ziel aller Ziele zu erreichen. Endlich standen sie vor dem Turm und fanden in ihm auch die legendäre Tür. Voller Aufregung öffneten sie die Tür – und fanden sich in ihrer Klosterzelle wieder.

Ich weiß nicht, was Tolstoi mit dieser Erzählung sagen wollte. Für mich jedenfalls ist die Lehre daraus klar: *Irdisch-Sein*: Irdisch-Sein, das zeigt natürlich die Grenze des Menschen. In seinem Irdisch-Sein liegt aber auch seine Größe. Die Grenze besteht darin, dass es in der Welt Kräfte und Ereignisse gibt, die den Menschen daran hindern, vollkommen zu sein und vollkommen zu leben.

Und doch hat sich der Mensch in dieser Welt voller Leid und Enttäuschungen zu bewähren. Und darin besteht seine Größe. Am deutlichsten – und das nur nebenbei bemerkt –, am deutlichsten kann der Mensch seine Grenze wie seine Größe in dem erfahren, was man die reine und selbstlose Liebe nennt. Wer unter der Macht einer solchen Liebe steht,

---

[3] Vgl. dazu: System III, S. 15ff.

kann am deutlichsten, aber dann auch am schmerzlichsten erfahren, was es heißt, unvollkommen zu sein. Andererseits aber erfährt der Mensch, trotz des Leides, in ihr Glück und Weltfreude, für die er kein Himmelreich geben würde. Das heißt Irdisch-Sein im tiefsten Sinne des Wortes. Und es ist kein Zufall, dass gerade darin die Ewigkeitsdimension in dieser Liebe besteht.

Was wollten die beiden Klosterbrüder eigentlich erreichen? Sie wollten sich nicht nur von aller Weltabhängigkeit befreien, sondern sie wollten sich auch von dem Zwang aller Weltverpflichtungen lösen. Das aber nicht als Endziel, sondern um sich so, von aller Welt gelöst, die Möglichkeit zu verschaffen, auf einem Weg zu reifen, der sie dazu führt, sich im göttlichen Einen zu verankern. Zu ihrer Überraschung mussten sie feststellen, dass dieses Von-aller-Welt-gelöst-Sein und der Weg zur Verankerung im göttlichen Einen sie dazu führt, die Erde, die Welt, *neu zu entdecken.*

Sie haben mit anderen Worten entdeckt, dass der Wille zur Verankerung im göttlichen Einen nicht nur keinen Widerspruch zu den Forderungen der Welt darstellt, sondern darüber hinaus, gerade die Voraussetzung dafür ist, diese Forderungen in der richtigen, d.h. in der *dem Wesen des Menschen* **und** *dem Wesen der Wirklichkeit gemäßen Weise* zu erfüllen.

Beide sind auf dem inneren Weg gereift: Nur das Reifen auf dem inneren Weg kann uns, auch wenn es widersprüchlich klingt, zur Erkenntnis des Wesens der Wirklichkeit führen, dessen integraler Teil wir sind, und so letztlich zur Erkenntnis des eigenen Wesens führen.

In uns selbst heimisch werden und in der Welt zuhause zu sein, sind zwei *einander bedingende* und *sich ergänzende*

Angelegenheiten. Der Weg zur gegenseitigen Verwirklichung dieser beiden Angelegenheiten, die in der Regel als zwei getrennte menschliche Ideale gelten, dieser Weg ist der Weg der Philosophie und genau darin besteht auch die Bedeutung der Beschäftigung mit Philosophie.

Die Philosophie ist also von Anfang an keine bloß kontemplative Tätigkeit (im engeren Sinne verstanden), die ihren Höhepunkt in dem Entwurf einer „Theorie" findet. Die uns geschichtlich schriftlich gegebene Philosophie ist nichts anderes als Widerspiegelung und Dokumentation der Suche und des Strebens nach der Wahrheit. Philosophie ist in dieser Hinsicht nicht bloß als der Weg zur Wahrheit, sondern als der **Weg der Wahrheit** zu verstehen. Konkret bedeutet das, dass auf diesem Weg *Wahrheit und Leben* zu einer *identischen Einheit* verschmelzen, die man als *wahres Leben* bezeichnen kann, ein Leben, das im Unterschied und allzu oft im Gegensatz zu unserem im herkömmlichen Sinne verstandenen "guten Leben" zu sehen ist.

Die Tatsache, dass die Philosophie sich in jede Richtung der Wirklichkeit ausdehnt und alles in den weitesten Zusammenhang des Wirklichkeitsganzen setzt, diese Tatsache ändert nichts daran, dass ihre zentrale Frage die folgende ist: Was ist der Mensch, was ist sein Wesen, und welche Bedingungen müssen erfüllt sein, damit er seinem Wesen gemäß leben und sich entwickeln kann? Oder anders formuliert: Welche Stellung hat der Mensch im Kosmos und was bedeutet die Bestimmung dieser Stellung konkret für sein individuelles Mensch-Sein in der Welt?

2. Wenn wir die Philosophie als den Weg der Wahrheit charakterisieren, bedeutet das *auf gar keinen Fall*, dass der Weg an sich, dass das Streben und Fragen nach der Wahrheit, an sich den höchsten Wert für uns Menschen ausmachen. In der

Regel pflegt man in dieser Angelegenheit folgende Worte Lessings zu zitieren, und das als Ausdruck menschlichen Maßes: "Wenn Gott in seiner Rechten alle Wahrheit, und in seiner Linken den einzigen immer regen Trieb nach Wahrheit, obschon mit dem Zusatze, mich immer und ewig zu irren, verschlossen hielte, und spräche zu mir: Wähle! Ich fiele ihm mit Demut in seine Linke und sagte: Vater gib! Die reine Wahrheit ist ja doch nur für dich allein!"

Das klingt in der Tat sehr bescheiden und demütig und scheint genau dem menschlichen Maß zu entsprechen. Diese Worte sind trotzdem Ausdruck eines gewaltigen Irrtums, Ausdruck für einen sehr unreflektierten Begriff der Wahrheit. Lessing übersieht die Tatsache, dass es gar nicht auf das Streben nach der Wahrheit an sich, sondern auf das **wahre und richtige Streben** nach ihr ankommt.

Das wahre und das richtige Streben nach der Wahrheit heißt ein Streben, das hinsichtlich der *Regel*, die es leitet, hinsichtlich der *Richtung* seines Fortschreitens und hinsichtlich des *Schwungs*, in dem dieses Fortschreiten vollzogen wird, **der Wahrheit entsprechen müssen**.

Mit anderen Worten: Das gültige Streben nach Wahrheit setzt als Bedingung seiner Möglichkeit die (intuitive) Erkenntnis des Ganzen der Wahrheit in ihrer *grundsätzlichsten und konzentriertesten* Gestalt voraus. Und *der Weg der Wahrheit ist nichts anderes als die Entfaltung dieser logisch bestimmten, ursprünglichen Gestalt der Wahrheit.*

Darum heißt auch dieser Weg **Weg der Wahrheit** und *nicht* der Weg *zur* Wahrheit. Und man kann mit Gewissheit sagen, dass dieses durch das menschliche Denken bestimmte Streben nach der Wahrheit, d.h., dass *die Philosophie der einzige* *dem Menschen offene Weg ist, auf dem er jeden seiner Schritte in seinem Wert und in seiner Gültigkeit begründen kann.* Insofern stellt die Philosophie den einzigen Weg der Wahrheit dar, in dem man die Wahrheit in ihrem Umfang und in ihrer **erkenntnismäßigen** Gültigkeit begründen kann.

Damit haben wir auch indirekt auf die Fragen geantwortet, ob Philosophie überhaupt der einzige Weg der Wahrheit ist, und was den philosophischen Weg vor den anderen Wegen auszeichnet?

Philosophie ist sicherlich *nicht* der einzig mögliche Weg der Wahrheit. Ganz allgemein, und ohne jegliche begriffliche Differenzierungen zu leisten, kann man sagen, dass der Weg, der durch die Religion bestimmt ist, ohne Zweifel der Weg der Wahrheit ist. Die Religion zielt jedoch auf die *göttliche Einheit* hin, die *nicht und auf gar keinen Fall als Teil der von uns erkennbaren Wirklichkeit gelten* **kann**, die also die Wirklichkeit in jeder nur denkbaren Hinsicht *transzendiert*. Darin bestehen die Erhabenheit und die Größe dieses Weges.

Eins muss uns in diesem Zusammenhang klar sein: Philosophie und Religion als zwei eigenständige Wege der Wahrheit stehen *nicht* in Widerspruch zueinander. Die erkenntnismäßig bestimmte Wahrheit der Philosophie muss grundsätzlich im weiteren Zusammenhang der Wahrheit der (wahren) Religion enthalten sein.

3. Der Weg der Wahrheit, den die Philosophie darstellt, ist von Anfang an ganz anders gestaltet. Das erste, was die frühen griechischen Philosophen geleistet haben, war, den vermeintlichen Draht zur *inhaltsmäßigen Erfassung* der Trans-

zendenz abzuschneiden: Sie haben nicht nur den volkstümlichen Mythos kritisiert und zerstört; das ist an sich noch keine große philosophische Tat.

Die Philosophie beginnt erst mit dem Versuch, die Wirklichkeit durch ein weltimmanentes Prinzip zu erklären und zu verstehen. Das Interesse der Philosophie gilt von Anfang an der *gedanklich-begrifflichen Durchdringung der Wirklichkeit und der Begründung der Ordnung der Wirklichkeit durch ein ihr immanentes Prinzip.*

Es geht also der Philosophie darum, zu *erkennen*, "was die Welt im Innersten zusammenhält" (Faust), d.h., es geht ihr darum, das Weltganze grundsätzlich zu begründen und das durch die *Erkenntnis der Wesensstruktur des Ganzen der Welt*, also durch die Erkenntnis der Grundgesetzlichkeit der Welt, die jede besondere Gesetzlichkeit bestimmt.

Diese Charakterisierung des Ziels des Erkenntnisstrebens der Philosophie zeigt, dass *die Philosophie die Welt nicht als Gegenstand des Wissens* betrachtet: Die Philosophie interessiert sich nicht für das für uns zufällige Dasein und sein zufälliges Sosein, sondern nur und auschließlich für das, was in den Erscheinungen *weltwesentlich* ist.

Mit anderen Worten: Die Philosophie interessiert sich nicht für die Erscheinungen als solche, wie sie uns empirisch gegeben sind, sondern nur für die Gesetzlichkeit und für die Ordnung, die sie in ihrer Wirklichkeit bestimmen. Das ist auch der Grund, warum die Philosophie von der Transzendenz erkenntnismäßig absieht.

Einerseits ist die Transzendenz für das *Erkenntnisstreben* der Philosophie deshalb vollkommen irrelevant, weil das Verhältnis zwischen Welt und Transzendenz die Intelligibilität und Logizität der Wirklichkeit, also die Erkennbarkeit der Welt, wie sie in ihrer Aktualität ist, gar nicht berührt. Andererseits aber bedarf die Philosophie des Begriffs der Transzendenz als erkenntnismäßigen Mittels, um das Ganze der Wirklichkeit „von außen" hervorzuheben.

Die Einsicht, dass die Welt ein einheitliches Ganzes ist, dessen Glieder durch den beständigen gesetzmäßigen Zusammenhang verbunden sind, wie auch die Möglichkeit der Erkenntnis der logischen Struktur dieser Wirklichkeit, diese beiden sind also ausschließlich Sache des menschlichen Denkens und werden von ihm mit allen dazugehörenden Konsequenzen bestimmt.

Dabei spielt weder die Empirie noch die mögliche Rückbindung der gesamten Wirklichkeit an einen transzendenten Gott als den ersten Ursprung und als das letzte Ziel eine Rolle. Das muss man verstehen, damit man am Ende des Weges nicht dasteht und sich eingestehen muss, was Doktor Faust sagen musste: "Da steh ich nun, ich armer Tor, und bin so klug als wie zuvor!"

Man muss jedoch sagen, dass die Vollendung einer jeden ernstzunehmenden Philosophie letztlich in ihrer Fähigkeit besteht, die Grundlagen des religiösen Glaubens zu klären. Denn das Bestehen des Menschen und das Bestehen der Wirklichkeit als Ganzes setzen das Bestehen der Transzendenz voraus.

Die philosophisch bestimmte Überbrückung zwischen Welt und Transzendenz kann jedoch keine direkte, inhaltlich bestimmte sein, denn die Transzendenz liegt per definitionem außerhalb der unmittelbaren Reichweite unseres Denkens und somit unserer Erkenntnismöglichkeit.

So oder so: Früher oder später werden wir, genauso *wie die zwei Klosterbrüder auf ihrem religiösen Weg* feststellen, dass **der Weg der Philosophie eigentlich der Weg zu sich selbst ist**. Spätestens dann versteht man, was das eigentlich bedeutet, sein wahres Selbst kontinuierlich und konsequent zu konstituieren. Dann versteht man auch, was wahres Selbstsein bedeutet, im Gegensatz zur bloßen Selbstsucht und zur bloßen Eigenliebe, in der man nur für sich selbst, d.h. in seinem Ich eingeschlossen lebt.

4. Die Vielfältigkeit und die unterschiedlichen Formen der menschlichen Andersartigkeit, die konkret in ihrer individuellen und gemeinschaftlichen Gestalt erfahrbar und erkennbar sind, bergen in sich das starke Potenzial der Unsicherheit und der Ungewissheit, die das Leben in allen seinen menschlich bestimmten Phasen und Formen prägen.

So findet sich der Mensch in einer Welt, die er verstehen will und in die er sich integrieren will. Und je größer und breiter die freien Räume, die zur Selbst-Bestimmung offen sind, desto radikaler werden die persönliche Unsicherheit und Ungewissheit in der Möglichkeit der Orientierung in der Welt. Hinzu kommt das Bewusstsein des Umbruchs, in dem sich die sogenannte westliche Kultur, aber nicht nur sie befindet. Verstärkt wird diese krisenhafte Situation auch durch die Unklarheit, in die kulturelle, nationale und lokale Identitäten („Multi-Kulti") durch Globalisierung und Freizügigkeit geraten sind.

Hier geht es nicht um „Ratschläge" allgemeiner Art, die aus unpersönlich formulierten unverbindlichen Bestimmungen bestehen, sondern um die Antwort auf die sehr konkrete Frage nach persönlicher Orientierung in dieser Welt; es geht um die ganz konkrete Frage nach der Bestimmung von persönlicher Identität, des persönlichen Lebenssinns und des persönlichen Lebensglücks. Es geht um die konkrete persönliche Selbst-Verwirklichung, also um die Echtheit, um die Authentizität des konkret geführten Lebens eines Menschen.

5. Die Grundsituation des Menschen in der Welt ist die eines Fremden: Er ist zwar in ihr, muss aber feststellen, dass sie ihm nicht vertraut ist. Die Grundbefindlichkeit der Begrenztheit: In die Welt „hineingeworfen", vielen unverständlichen Phänomenen und Ereignissen begegnen, die die Unsicherheit seines Daseins stark beeinträchtigen.

Aber das Problematischste sind Wahrnehmungsfehler und Sinnestäuschungen wie auch die persönlichen fehlerhaften Einschätzungen und Entscheidungen: Nicht einmal in und mit sich ist der Mensch sicher: Er ist nicht auf eine natürliche Weise in der Welt zu Hause! Dies muss er erarbeiten!

Das Bewusstsein für diese Situation hat unterschiedliche Prägungen, so auch die Bestrebungen, diese Grundsituation zu überwinden. Nicht zufällig führt der Versuch, diese Situation zu klären und zu überwinden, zur Philosophie.

Was das geschichtlich konkret bedeutet, können wir von der Beschreibung Karl Jaspers' in seiner „Einführung in die Philosophie"[4] entnehmen:

„Die Geschichte der Philosophie als methodisches Denken hat ihre Anfänge vor zweieinhalb Jahrtausenden, als mythisches Denken aber viel früher.

Doch Anfang ist etwas anderes als Ursprung. Der Anfang ist historisch und bringt für die Nachfolgenden eine wachsende Menge von Voraussetzungen durch die nun schon geleistete Denkarbeit. Ursprung aber ist jederzeit die Quelle, aus der der Antrieb zum Philosophieren kommt. Durch ihn erst wird die je gegenwärtige Philosophie wesentlich, die frühere Philosophie verstanden.

Dieses Ursprüngliche ist vielfach. Aus dem Staunen folgt die Frage und die Erkenntnis, aus dem *Zweifel* am Erkannten die kritische Prüfung und die klare Gewissheit, aus der *Erschütterung des Menschen* und dem Bewusstsein seiner Verlorenheit die Frage nach sich selbst. Vergegenwärtigen wir uns zunächst diese drei Motive.

Erstens: Plato sagte, der Ursprung der Philosophie war das *Erstaunen*. Unser Auge hat uns „des Anblicks der Sterne, der Sonne und des Himmelsgewölbes teilhaftig werden lassen". Dieser Anblick hat uns „den Trieb zur Untersuchung des Alls gegeben. Daraus ist uns die Philosophie erwachsen, das größte Gut, das dem sterblichen Geschlecht von den Göttern verliehen ward". Und Aristoteles: „Denn die Verwunderung

---

[4] Karl Jaspers, Einführung in die Philosophie, München 1953, 1. Radiovortrag, S.11

ist es, was die Menschen zum Philosophieren trieb: Sie wunderten sich zuerst über das ihnen aufstoßende befremdliche, gingen dann allmählich weiter und fragten nach den Wandlungen des Monds, der Sonne, der Gestirne und der Entstehung des Alls."

Sich wundern drängt zur Erkenntnis. Im Wundern werde ich mir des Nichtwissens bewusst. Ich suche das Wissen, aber um des Wissens selber willen, nicht „zu irgendeinem gemeinen Bedarf".

Das Philosophieren ist wie ein Erwachen aus der Gebundenheit an die Lebensnotdurft. Das Erwachen vollzieht sich im zweckfreien Blick auf die Dinge, den Himmel und die Welt, in den Fragen: was das alles und woher das alles sei – fragen, deren Antwort keinem Nutzen dienen soll, sondern an sich Befriedigung gewährt.

Zweitens: Habe ich Befriedigung meines Staunens und Bewunderns in der Erkenntnis des Seienden gefunden, so meldet sich bald der *Zweifel*. Zwar häufen sich die Erkenntnisse, aber bei kritischerer Prüfung ist nichts gewiss. Die Sinneswahrnehmungen sind durch unsere Sinnesorgane bedingt und täuschend, jedenfalls nicht übereinstimmend mit dem, was außer mir unabhängig vom Wahrgenommenen an sich ist. Unsere Denkformen sind die unseres menschlichen Verstandes. Sie verwickeln sich in unlösbare Widersprüche. Überall stehen Behauptungen gegen Behauptungen. Philosophierend ergreife ich den Zweifel, versuche ihn radikal durchzuführen, nun aber entweder mit der Lust an der Verneinung durch den Zweifel, der nichts mehr gelten lässt, aber auch seinerseits keinen Schritt voran tun kann – oder mit der Frage: wo denn Gewissheit sei, die allem Zweifel sich entziehe und bei Redlichkeit jeder Kritik standhalte.

Der berühmte Satz des Descartes „Ich denke, also bin ich" war ihm unbezweifelbar gewiss, wenn er an allem anderen zweifelte. Denn selbst die vollkommene Täuschung in meinem Erkennen, die ich vielleicht nicht durchschaue, kann mich nicht auch darüber täuschen, dass ich noch bin, wenn ich in meinem Denken getäuscht werde.

Der Zweifel wird als methodischer Zweifel die Quelle kritischer Prüfung jeder Erkenntnis. Daher: ohne radikalen Zweifel kein wahrhaftiges Philosophieren. Aber entscheidend ist, wie und wo durch den Zweifel selbst der Boden der Gewissheit gewonnen wird.

Und nun *drittens*: Hingegeben an die Erkenntnis der Gegenstände in der Welt, im Vollzug des Zweifels als des Weges zur Gewissheit bin ich bei den Sachen, denke ich nicht an mich, nicht an meine Zwecke, mein Glück, mein Heil. Vielmehr bin ich selbstvergessen befriedigt im Vollzug jener Erkenntnisse.

Das wird anders, wenn ich meiner selbst in meiner Situation mir bewusst werde.

Der Stoiker Epiktet sagte: „Der Ursprung der Philosophie ist das *Gewahrwerden der eigenen Schwäche und Ohnmacht.*" Wie helfe ich mir in der Ohnmacht? Seine Antwort lautete: in dem ich alles, was nicht in meiner Macht steht, als für mich gleich gültig betrachte in seiner Notwendigkeit, dagegen, was an mir liegt, nämlich die Weise und den Inhalt meiner Vorstellungen, durch Denken zur Klarheit und Freiheit bringe.

Vergewissern wir uns unserer menschlichen Lage. Wir sind immer in Situationen. Die Situationen wandeln sich, Gelegenheiten treten auf. Wenn sie versäumt werden, kehren sie nicht wieder. Ich kann selber an der Veränderung der Situation arbeiten. Aber es gibt Situationen, die in ihrem Wesen bleiben, auch wenn ihre augenblickliche Erscheinung anders wird und ihre überwältigende Macht sich in Schleier hüllt: Ich muss sterben, ich muss leiden, ich muss kämpfen, ich bin dem Zufall unterworfen, ich verstricke mich unausweichlich in Schuld. Diese Grundsituation unseres Daseins nennen wir *Grenzsituationen*. Das heißt, es sind Situationen, über die wir nicht hinaus können, die wir nicht ändern können. Das Bewusstwerden dieser Grenzsituationen ist nach dem Staunen und dem Zweifel der tiefere Ursprung der Philosophie."

6. Diese in den oben genannten Fällen beschriebene Grundsituation des Menschen besteht in dem Bewusstsein, dass unsere Wahrnehmungen, unser Denken und unser Selbst-Verständnis von Unsicherheit und Ungewissheit geprägt sind. Das gilt auch für jede Situation des Menschen, die durch die Spaltung des „Weltbildes" in „Ich" und „Welt" geprägt ist.

Die Überwindung dieser Grund-Situation besteht darin, das „Ich" und die ihm wahrnehmbare „objektiv" gegenüber stehende „Welt" in eine gemeinsame einheitliche Grundstruktur einzubetten, diese begrifflich klar zu bestimmen und als eine untrennbare Einheit als **die *Welt*** (=Kosmos, Wirklichkeit) zu Bewusstsein zu bringen.

Der Anfangspunkt ist *gleich*, der Endpunkt *identisch*! Das heißt, die Grundsituation ist die einer Einzelperson, also sehr persönlich, gar intim in ihrer Beschaffenheit, aber beschreibungsmäßig *gleich*. Der Endpunkt, die wirkliche, nicht-gespaltene Welt, also die Wirklichkeit, ist allen *identisch*.

Der Weg, der die beiden Punkte verbindet, ist das **Philosophieren**. Im Zuge des Philosophierens offenbart und erhellt die philosophierende Person die Wirklichkeit als Ganzes, aber darüber hinaus ihre **eigentümliche persönliche**

Wirklichkeit, also ihre wirkliche, nicht vorgetäuschte **Wahrheit** ihres Daseins, also die **Authentizität** dieser Person.

Gehen wir davon aus, dass das Philosophieren systematisch in seinem Wesen ist, also nach und nach zur Konstitution eines philosophischen Systems führt, so stellt sich die Frage, warum die Grundsituationen, die zwar persönlich bestimmt und so an und für sich singulär sind, in ihrer Beschaffenheit als Grundsituation aber *gleich* sind, nicht zur Konstitution des *gleichen* Systems führen.

Diese Frage ist von herausragender Bedeutung, denn die Philosophie als Ausdruck des Strebens nach Wirklichkeitserkenntnis und so nach Wahrheit, spielt in der Entwicklung der westlichen Kultur eine zentrale Rolle. Diese zentrale Rolle spielt sie weiterhin und sie wird sie für den Menschen immer spielen. Denn, und das ist ganz allgemein zu verstehen, **in der Wahrheit, die die Philosophie offenbart, ist auch die Authentizität einer jeden persönlichen Wirklichkeit begründet**.

Nicht selten werden Vielfalt und Andersartigkeit in ihrer Berechtigung in Frage gestellt. Sie müssen sich aber für ihr Bestehen nicht rechtfertigen; **ihr Bestehen ist objektiv begründet!** Dies zeigen kann jedoch nur ein philosophisches System, das in der Lage ist, Licht auf die logische Grundstruktur der Wirklichkeit zu werfen, in der alles Wirkliche als solches begründet ist. Dies begrifflich zum Ausdruck zu bringen, ist dem philosophischen System eigentümlich.

So verstanden sind kulturelle Vielfalt und individuelle Andersartigkeit der Gewissheit der Legitimation ihres Bestehens sicher! Die Allgemeingültigkeit dieser Gewissheit ist im Rahmen eines philosophischen Systems begründet. Die Frage nach Arten und Gültigkeit philosophischer Orientierungen verlangt unbedingt nach einer gültigen Antwort. Die vorliegende Arbeit stellt den Versuch dar, auf diese Frage auf eine klare und verbindliche Weise Antwort zu geben.

Die Antwort auf diese Frage ist in einer dreiteiligen Darlegung im umfassenden Werk „Systems der Philosophie", enthalten. In dieser Arbeit folge ich den Gedankengängen dieses Systems; dabei zitiere ich einige Passagen dieses Werkes.

Zum Verständnis der Einzelheiten des Systems ist es notwendig, den Systementwurf in seiner Ganzheit zu betrachten. Die drei Teile sind die folgenden:

-Das System der Philosophie, Die systematische Grundlage zur Erkenntnis der Wirklichkeit und zur Bestimmung der Stellung des Menschen in ihr, Frankfurt am Main 2012 (zitiert: System I)

-Der Mensch und seine Welt: Zur Erkenntnistheoretischen Klärung der Stellung des Menschen in der Welt und der Bedingungen der Verwirklichung seiner Freiheit – das System der Philosophie II, Frankfurt am Main 2013 (zitiert: System II)

-Die Grenzen der Erkenntnis und dahinter: Zur Klärung der erkenntnistheoretischen Grundlage des religiösen Glaubens – das System III, Frankfurt am Main 2014 (zitiert: System III)

Hinzu kommt einen Ergänzungsteil:

-Religion, Wissenschaft und Erkenntnis der Wirklichkeit, Hamburg 2020 (zitiert: Religion)

I. An wen ist Philosophie gerichtet[5]

1. Philosophie*ren* ist die einzige Art der Betätigung des Geistes, von der man am meisten fordert, sich zu rechtfertigen. Denn Philosophie, wenn man sie nicht gerade als überholt betrachtet, gilt in der Regel entweder als „Spiel mit Worten" und als „Spekulation" oder aber, im besten Fall, als ein Beschäftigungsbereich, in dem man Erkenntnis erwirbt, die um ihrer selbst Willen da ist und somit gar keinen Wirklichkeitsbezug, also keine „Relevanz" zum Leben eines Menschen hat. Gemeinsam mit diesen doch grundverschiedenen „Auslegungen" der Natur der Philosophie ist die Tatsache, dass sie die Philosophie als etwas betrachten, mit dem man „nichts anfangen kann", als „weltfremd", als etwas, das keine „praktischen Folgen" hat oder gar nicht haben kann. Die Frage „Wozu?" scheint in Bezug auf die Philosophie ganz natürlich zu sein, während in Bezug auf alle anderen Richtungen und Arten der Tätigkeit des Geistes diese Natürlichkeit der Frage „Wozu?" verloren geht.

Wie „weltfremd" die Philosophie ist, das zeigt uns unser Alltag, in dem wir ständig und zunehmend Gebrauch von moralischen, ästhetischen und religiösen Kategorien machen: Abrüstung, Umweltschutz, soziale Gerechtigkeit, Freiheit, Menschenrechte, Gleichberechtigung, Selbstbestimmungsrecht des Individuums und der Völker, schön, hässlich und so weiter. Dieser Gebrauch geschieht mit solch zunehmender Intensität, dass man ohne Übertreibung sagen kann, unsere Zeit sei die erste und bis jetzt die einzige, in der Philosophie – nach ihrem Erscheinungsbild zu urteilen, mehr unbewusst als bewusst – so praxisbezogen und so weit davon entfernt, weltfremd zu sein, wie zu keiner anderen Zeit in

---

[5] Vgl. dazu System I, S. 11ff.

der Geschichte der westlichen Kultur: Es gab noch keine Zeit, in der Philosophie, Philosophieren, philosophische Argumentation und philosophische Orientierung, wenn auch oft unter anderen Namen, so gefragt waren; es gab noch keine Zeit, in der das Bedürfnis nach derart geistiger „Nahrung" und Orientierung so groß war. Diese Tatsache drängt einerseits zu der Frage, für wen Philosophie überhaupt Bedeutung hat und an wen sie eigentlich gerichtet ist. Wer ist eigentlich der potentielle „Verbraucher" von Philosophie?

2. Was das nicht ganz positive Erscheinungsbild der Philosophie und dessen Wirkung auf die Beurteilung einer jeden einzelnen Philosophie betrifft, so sind diese auf eine *Verwechslung* beziehungsweise auf eine *falsche Gleichsetzung* der *Philosophie* mit der *Universitätsphilosophie* zurückzuführen. Die Universitätsphilosophie, wie wir sie heute kennen, ist zwar sehr interessant und sehr intelligent, kann aber kaum über die Grenzen des *bloß Interessanten* hinauszugehen. Einerseits ist sie Geschichte der Philosophie, und was sie insofern anzubieten hat, bewegt sie sich im Rahmen der schon bestehenden, uns geschichtlich überlieferten philosophischen Lehren. Andererseits ist die Universitätsphilosophie stark durch die rigide Einteilung in Sachbereiche geprägt, die selber in unzählige Unterbereiche eingeteilt sind, und diese wiederum werden im Laufe der Zeit in unzählige Unterbereiche eingeteilt werden und so weiter. Die *Einheit* einer solchen Philosophie, falls sie überhaupt möglich ist, kommt künstlich von „oben" und sie ist keinesfalls in einer *gemeinsamen Grundlage* verankert.

Bei ihr fehlt aber genau das, was für die Philosophie wesentlich ist: *Bei ihr fehlt das **Philosophieren**.* Und wenn hier von Philosophie*ren* die Rede ist, so ist damit *nicht* das Bloß-Diskutieren über philosophische Sachthemen oder das Texte- bzw. Problem-Analysieren und das darüber Diskutieren („Philosophische Forschung") gemeint.

Was *Philosophieren* vom bloß *philosophischen Diskutieren* unterscheidet, ist die Dimension der *Wichtigkeit* oder genauer **Lebenswichtigkeit**: *Im Philosophieren bekommt die Philosophie einen* **unmittelbaren Bezug zum Wesentlichen im Leben** *des Philosophierenden*, und zwar dadurch, dass *die Grundfragen der Philosophie*[6] *von den Philosophierenden als* **persönliche Fragen** *verstanden werden.* Oder anders formuliert: *Indem die Grundfragen der Philosophie als persönliche Fragen verstanden werden, wird die Philosophie selbst – nun als einheitliches Ganzes betrachtet – in der Lage sein, die letzte Antwort auf diese Fragen zu geben.* So wird sie *zur persönlichen Angelegenheit eines Menschen und gewinnt damit ihren unmittelbaren Bezug zum Wesentlichen im Leben dieses Menschen.*

3. Was bedeutet das aber? Inwiefern können diese Fragen, die zwar Fragen einer einzelnen Person sind, deren Gültigkeit und Objektivität als Grundfragen des Menschen jedoch gerade darin bestehen, dass sie von einer bestimmten *persönlichen* Ich-Bezogenheit frei sind, also Fragen, die die theoretische Beziehung des Ichs als Subjekt der Erkenntnis zu sich und zur Welt zum Ausdruck bringen, wie können diese Fragen „persönlich" sein?

Die Antwort auf diese Fragen hängt davon ab, wie man Philosophie einerseits und die Suche nach Philosophie andererseits ver-

---

[6] Vgl. Kap. II, S. 15

steht. Das Verständnis dessen, was Philosophie ist, wird uns unmittelbar klar machen, für wen die Philosophie von Bedeutung ist und an wen sie eigentlich gerichtet ist.

„Die Philosophie", sagt Novalis, der Dichter der Romantik, *„ist eigentlich Heimweh – Trieb, überall zu Hause zu sein"*. Diese allegorische Charakterisierung der Philosophie zeichnet sich von anderen dadurch aus, dass sie beide Komponenten und ihre Beziehung zueinander auf eine *sehr genaue und zutreffende* Weise berücksichtigt, die im Philosophie*ren* zusammentreffen: die *Philosophie* einerseits, den *Philosophierenden* und sein Bedürfnis nach Philosophie andererseits. Wie ist aber diese Bestimmung der Natur der Philosophie zu verstehen? In welchem Sinne fällt das Streben nach Weisheit, oder was dasselbe ist, das Streben nach *Wahrheit* mit dem „Trieb, überall zu Hause zu sein" zusammen?

Die Antwort auf diese Fragen werden wir bekommen, wenn wir uns vergegenwärtigen, was eigentlich ein wahrhaftes Zuhause ist: *Das Zuhause ist der Rahmen oder der Ort des wahren Selbstseins.* Es ist ein Ort, an dem das Individuum überall oder nirgends ist: Es gibt kein halbes Zuhause, ebenso wenig ein halbes Individuum. Es ist der Ort, an dem der Orientierungsgrad des Individuums (nicht bloß räumlich) maximal ist. Hier, in der Sphäre des Zuhauses, herrscht Übereinstimmung zwischen „innen" und „außen", zwischen dem Individuum und seiner Welt. Was hier das Zuhause ausmacht, ist nicht unbedingt Leidlosigkeit, Ruhe, absolute Sicherheit, Geborgenheit und Glück. Nein, was das Zuhause ausmacht, ist die *Entfremdungslosigkeit*, also ein Zustand, wo die Einheit und die Identität der Person in Harmonie mit der Um-Welt (hier: das Zuhause) stehen. Im wirklichen und wahrhaften Zuhause fehlt die Kluft, die ein Entfremdungsbewusstsein hätte entstehen lassen können: *Das Zuhause ist Ausdruck der Einheit des Individuums mit seiner Welt.*

Wenn wir das nun auf die Philosophie übertragen, so bedeutet dies, dass sie den *bewussten Drang des Individuums zur Selbstbestimmung, zur Selbstverwirklichung und zum Selbstsein in der Welt* darstellt und ausdrückt. Die Welt als Ganzes kann aber erst dann als der Rahmen oder als der Ort des Selbstseins, also als das Zuhause des Individuums gelten, wenn es sich in ihr integrieren lässt und wenn es sich in ihr als Mensch und als Individuum überall orientieren und seine Identität ohne Abstriche entwickeln und bewahren kann.

Diese Art von Eingegliedert-Sein und von Orientierung in der Welt bedeutet eigentlich, dass *das Individuum von jedem gegebenen Punkt aus den Stand der Wahrheit über sich und über die Welt erfahren kann* und so die Verhältnisse von allem momentan und lokal Gegebenen, einschließlich seiner selbst zur Wahrheit genau bestimmen kann. Die *individuelle Selbstverwirklichung* und das *individuelle Selbstsein* können nur durch *Selbsterkenntnis* erreicht werden und gelingen. *Diese ist aber durch die Erkenntnis der Wirklichkeit insgesamt bedingt*, die daher *im Grunde nichts als die Eingliederung des Subjekts in die Welt ist.*

Dies muss man einsehen, denn *die Größe des Menschen besteht in seiner Fähigkeit, sich bewusst mit seiner menschlichen und seiner persönlichen Natur auseinanderzusetzen, sie besteht in dem, was er von dem verwirklichen kann, was für ihn als Mensch und als Individuum im weitesten Rahmen der Wirklichkeit charakteristisch ist.*

4. Hier handelt es sich also nicht bloß um die Frage, was der *Mensch* sei, sondern um die Frage, *„Was bin ich?"*, also nicht einfach um die Frage, wodurch der Mensch in seinem Wesen als Mensch bestimmt wird, sondern um die Frage nach dem *individuellen Menschensein als Selbstsein*. Diese Selbstverwirklichung und dieses Selbstsein sind mit *keinem bestimmten, einseitigen* Tun oder mit der *einseitigen* Entfaltung eines *bestimmten* Talents

verbunden, und der Grad der Selbstverwirklichung sowie der Grad des Selbstseins bestehen nicht in dem Grad der Intensität des Spaßes, den mir eine bestimmte Tätigkeit oder ein bestimmter Zustand bereitet.

Die Selbstverwirklichung und das Selbstsein betreffen das *Ganze* der Person und das *Ganze* seiner Einstellung zu sich, zu anderen und zur Welt insgesamt: Daher ist *das Selbstsein **das** Ziel des Lebens.* Alle anderen Ziele, die hier obengenannt wurden, sind Ziele *im* Leben eines Individuums, jedoch ausdrücklich nicht Ziele *des* Lebens des Individuums. Das *Selbstsein* ist nicht bloß ein zu realisierendes „Ideal" oder eine zu realisierender „Norm", sondern es bildet die Sinnerfüllung der Existenz des Individuums im alltäglichen Leben: *Es ist dessen Aufgabe und dessen Verpflichtung in **jedem** Moment **seines** Lebens.* Das ist auch der Grund, warum die Vorstellung oder der Gedanke vom Gesamtzusammenhang der Welt und der menschlichen Angelegenheiten in der bewussten menschlichen Existenz so eine wesentliche Rolle spielt oder spielen sollte.

Auch der, der diese Vorstellung oder diesen Gedanken nicht artikulieren und in einem philosophischen System zusammenfassen kann, hat das Bedürfnis nach einer Sinngebung seines Tuns und seines Lebens in dieser Welt, und sei es nur in einem sehr beschränkten Maß, was eigentlich nichts anderes bedeutet als der Anspruch auf Selbstbestimmung und Selbstverwirklichung. Es ist *nicht bloß* der tief und fest verwurzelte Wunsch des Menschen nach Geborgenheit in einer klar überschaubaren und genau bestimmten Ordnung – was an sich vollkommen legitim und verständlich ist –, sondern das *noch tiefer und noch fester* verankerte Bedürfnis nach dem *Selbstsein* des Individuums, aber nicht nur an einem Punkt oder an einem Ort in der Welt, sondern überall und zu jeder Zeit seines Lebens: *Seine Selbstbestimmung und sein Selbstsein kann der Mensch letztlich nur im Rahmen und auf dem*

Hintergrund der Welt als Ganzes verwirklichen. Genau darin besteht auch das *Streben des Menschen nach Glück*, also das Streben nach dem dauerhaften Zustand, in dem das Innen des Menschen mit den Ausdrücken seines Lebens im Einklang steht.

5. Damit können wir schon zu beiden am Beginn der Vorrede erwähnten „Interpretationen" der Natur der Philosophie Stellung nehmen: Nicht nur, dass *Philosophie im eigentlichen Sinne* nicht weltfremd ist, sie ist unter allen Beschäftigungen des Geistes und unter allen Beschäftigungen überhaupt *die Wirklichkeitsnächste Beschäftigung des Menschen überhaupt*, denn *sie allein* zieht *sowohl* das Individuum *wie auch* die Welt insgesamt *gleichzeitig* und *im gleichen Maß* in Betracht. Die Philosophie im eigentlichen Sinne ist *auf keinen Fall* ein Beschäftigungsbereich, in dem man Wissen erwirbt, das um seiner selbst willen da ist. Im Gegenteil: Das philosophische Wissen beziehungsweise die philosophische Erkenntnis dient der Bildung oder der Umbildung des Individuums, das dieses Wissen beziehungsweise diese Erkenntnis erwirbt.

Mit diesen Bestimmungen der Philosophie wird auch klar, für wen eigentlich Philosophie und ihre Wahrheiten überhaupt Bedeutung haben können und wer überhaupt ein Bedürfnis nach Philosophie verspürt. Die Verbindung zwischen *Philosophie* und zwischen dem *Bedürfnis nach Philosophie* wird im Philosophieren vollzogen. *Die echte Philosophie besteht im Grunde nur für diejenige Person, die sie braucht, also für die Person, die das Bedürfnis nach ihr verspürt und von diesem Bedürfnis gequält wird*, auch wenn es nicht bewusst und klar mit dem Namen „Philosophie" verbunden ist. *Nur für eine solche Person haben die Wahrheiten der Philosophie*, im Gegensatz zum bloß erwerbbaren und analysierbaren philosophischen Wissen, *lebendige Bedeutung*: Nicht nur, dass diese Person von den Grundfragen der Philosophie persönlich betroffen ist und diese zu ihren persönlichen Problemen werden, was im Bedürfnis nach Philosophie zum Ausdruck kommt, sondern auch die Antworten auf diese Fragen, die die Wahrheit der Philosophie ausmachen, müssen von ihr als solche entdeckt beziehungsweise neuentdeckt und als *Wahrheiten mit persönlichem Bezug* wahrgenommen und verstanden werden.

Wer Philosophie *nicht braucht*, wer *kein Bedürfnis* nach ihr verspürt, für den ist Philosophie eine Reihe von Gedanken, die aber, obwohl jeder für sich hochinteressant und von Bedeutung ist, *im Ganzen*, als Gedankenzusammenhang, der Bedeutung der *Lebenswichtigkeit* entbehren. Philosophie ist dann für ihn nur Sammlung von Gedanken, die im Zusammenhang mit verschiedenen Philosophien im Laufe der Geschichte aufgetreten sind: Philosophie ist für ihn letztlich mit der Geschichte der Philosophie identisch. Doch, „die Geschichte der Philosophie ist unter allen Geschichten die langweiligste, wenn sie nicht benutzt wird zum neuen Philosophieren" (Herbart). Und *Neuphilosophieren* – im Gegensatz zum bloß gedanklichen Nachvollziehen und Analysieren einer schon bestehenden Philosophie –, auf diesen Unterschied möchte ich die Leserinnen und die Leser aufmerksam machen.

Der Philosoph, getrieben von dem Bemühen, sich selbst mit der Wirklichkeit in Einklang zu bringen, um in ihr zuhause zu sein, um sich selbst zu verwirklichen und um er selbst zu sein, gelangt in diesem gedanklichen Bemühen *zwangsläufig* zu einem (geschlossenen) System: denn die Wirklichkeit und somit die Wahrheit stellen ein *systematisches Eines* dar, und er selbst, als integraler Teil dieser Wirklichkeit, kann seine Einmaligkeit und Einzigartigkeit als Individuum und als Mensch nur in einem systematischen Zusammenhang bestimmen, das heißt, seine Selbstbestimmung kann nur durch die Bestimmung seiner Stellung in diesem systematischen Ganzen vollzogen werden. Im ersten Teil des Systems der Philosophie muss der erste Schritt in der Bestimmung der Natur der Wirklichkeit und in der Bestimmung der Stellung des Individuums in ihr vollzogen.

6. Das philosophische System als Ganzes ist in vier Teile gegliedert, die die vier Gruppen der Grunderscheinungen darstellen, die in der Welt auftreten (1. Naturerscheinungen, 2. der Mensch und sein Handeln, 3. Erscheinungen der Kunst und 4. Erscheinungen der Religion) und die die vier Grunddisziplinen der Philosophie bestimmen (1. Naturerkenntnis, 2. philosophische Anthropologie, Ethik, politische Philosophie, Geschichtsphilosophie, 3. Philosophie der Kunst und 4. Philosophie der Religion).

Das Problem des Systems der Philosophie besteht nicht einfach darin, die Eigentümlichkeit dieser Gruppen von Erscheinungen zu begründen, sondern *hauptsächlich in der Vereinigung derselben.* Das System muss also den Zusammenhang aller Erscheinungen der Welt in ihrer gesetzlichen Grundlage aufdecken. Die Einteilung der Philosophie in Disziplinen (Glieder des Systems) wird durch die Gesetzmäßigkeit des Zusammenhanges bestimmt, die wir im real Gegebenen aufdecken. Die Einordnung dieser Disziplinen in das System der Philosophie soll ihre Eigenart begründen und gleichzeitig zeigen, dass die Einteilung der Philosophie in die verschiedenen Disziplinen nicht subjektiv, sondern objektiv ist.

Das hier besprochene System vertritt *zwei Thesen*: Die eine betrifft die *Natur der Wirklichkeit* und die andere die *Natur der Philosophie*. Die These, die die Natur der Wirklichkeit betrifft, lautet: *Die Welt ist rational* (intelligibel) *und daher erkennbar*. Diese Erkennbarkeit der Welt als die ausgezeichnete Eigentümlichkeit des Wirklichen bedeutet, dass die Wirklichkeit dem Denken zugänglich und fasslich ist: sie *ist das, was begrifflich erfasst werden kann oder erfassbar ist.* Das Logische oder das Rationale als das Erkennbare in der Wirklichkeit ist das Geordnete. Die Erkenntnis der Wirklichkeit kann nur deshalb als „allgemeingültig" und „notwendig" bezeichnet werden, weil die Wirklichkeit selbst logisch ist, d.h. sie stellt eine notwendige Ordnung als Ganzes (Kosmos) dar. Das bedeutet, dass das Denken allein imstande ist, die Wahrheit über die Wirklichkeit herauszufinden: Alles, was über die - Wirklichkeit, und zwar über alle Bereiche der Wirklichkeit gesagt werden kann, wird durch das Denken gänzlich erfasst. Die Tatsache, dass die verschiedenen *Bereiche* der Wirklichkeit a priori bestimmt werden können, folgt aus der Tatsache, dass alles, was als „wirklich" bestimmt wird beziehungsweise bestimmt werden kann, *durch Maßstäbe bestimmt werden muss, die von außerhalb des Bereiches der Erfahrung stammen.* Die Tatsache, dass die Erfahrung in ihrer Gesamtheit so konstruiert ist, dass sie begrifflich erfasst werden kann, benötigt keine metaphysische oder sonstige besondere Annahme, die die Übereinstimmung zwischen Denken und Wirklichkeit betrifft: Es kann, so möchte ich behaupten, *gar nicht anders sein.*

Die zweite These betrifft die Natur der Philosophie und lautet: *Die Philosophie ist ein System der Erkenntnis der Wirklichkeit.* Philosophie ist die Untersuchung der gesetzlichen Grundlage der Wirklichkeit. Sie will die Gesetzlichkeit aufdecken, die *die Ordnung in der Welt* bestimmt. Die Philosophie untersucht also denjenigen Faktor, der die Ordnung der gesamten Welt bestimmt und ausdrückt. Wie die Welt selbst nicht ein Aggregat, sondern ein einheitliches Ganzes ist, so bildet auch die Erkenntnis der Welt ein einheitliches System. Der Begriff der systematischen Einheit der Erkenntnis ist nicht eine willkürliche Erfindung, sondern er stellt einen *notwendigen* Gedanken dar: *Der Einheit der Welt entspricht die Einheit eines allumfassenden Erkenntnissystems.*

Ein philosophisches System beziehungsweise die gesamte Philosophie ist in dieser Hinsicht, so lautet die These, eine umfassende Erkenntnislehre beziehungsweise Epistemologie. Der Beweis für die Richtigkeit dieser beiden Thesen ist die Ausführung des Systems selbst.

Diese Ausführung des System fordert nach Reinhard Kapp die Fähigkeit, in komplexeren Verhältnissen zu denken, einen einmal aufgenommenen Faden auch festzuhalten und so auch weite Strecken mit Konsequenz zu durchmessen, diese Fähigkeit wird jedoch nicht nur von dem Philosophen verlangt, der das System entwirft, sondern auch von dem, der sich mit dieser Philosophie auseinandersetzt, also von dem, für den sie etwas Wesentliches sagt. Denn „das echte Denken lässt nicht nach, bis der ganze Weg gegangen ist und der echte Denker hat jene Größe, ja unbegrenzte Geduld, die bis zum Letzten frägt und die alles prüft."[7]

Das Herauslösen von einzelnen Bestimmungen aus dem Gesamtzusammenhang der Wahrheit macht sie – je nachdem – entweder *banal* oder *unmöglich*. *Banal*, weil ohne den Gesamtzusammenhang die einzelnen Bestimmungen isoliert und bedeutungslos und die Aussagen über sie ohne verbindlichen Gehalt und insofern nichtsaussagend sind; *unmöglich*, weil die Tatsachen dann als voneinander vollkommen unabhängig und losgelöst betrachtet werden, was ihren Zusammenhang und ihre Einheit *logisch* unverständlich und unmöglich macht.

Die systematische Natur der Wirklichkeit beziehungsweise der Wahrheit und der Philosophie und ihrer Wahrheiten bedeutet,

---

[7] Daniel Feuling, Hauptfragen der Metaphysik. Einführung in das philosophische Leben, Heidelberg 1949

dass die Wirklichkeit einer Tatsache oder einer Wahrheit darin besteht, dass sie ein Bestandteil eines Gesamtzusammenhanges ist, dessen Herauslösen zur Auflösung des ganzen Zusammenhanges führt beziehungsweise führen würde. Das ist letztlich der Sinn des philosophischen Systemgedankens.

II. Die Wesensbestimmung der Philosophie[8]

1. Der Sache nach beginnt Philosophie mit der *verstandes-mäßigen* Auffassung, dass die Mannigfaltigkeit alles Gegebenen eine *Einheit* darstellt, die in *gesetzmäßigen Zusammenhängen* zum Ausdruck kommt. Diese Einheit hat zwei verschiedene Aspekte: Einmal stellt sie den Gegensatz zum Chaos dar, d. h., sie ist das Prinzip des Zusammenhanges der Mannigfaltigkeit und einmal ist sie die zusammengesetzte, in sich geschlossene Mannigfaltigkeit selbst. Diese beiden Aspekte der Einheit kommen im Begriff der *Gesetzlichkeit* zum Ausdruck.

Diese Einheit umfasst in sich nicht nur das, was hier und jetzt erscheint, sondern im Prinzip alles, was dem Subjekt gegeben werden kann. Sie ist von vornherein die umfassendste Einheit – sie ist eben das *Ganze*. Mit der Feststellung und mit der Überzeugung, dass es eine solche Einheit geben *muss*, ist die Welt als *Kosmos* entdeckt, also die Welt als Gesamtheit von Zusammenhängendem, zu dem auch der Mensch und die von ihm bestimmte Sphäre gehören. Ganz allgemein ausgedrückt: *Damit ist die Welt als rational geordnetes Ganzes entdeckt!*

Die Philosophie beginnt also mit der Entdeckung der Welt als Kosmos bei jedem Philosophen, ist also ein persönlicher Beginn. Sie steht aber gleichzeitig vor der Aufgabe, diese Welt zu verstehen und zu erklären; denn weder die Einheit noch der Grund der Einheit ist gegeben: die Struktur der Welt, die wir erkennen, ist uns nicht geordnet vorgegeben. Gegeben ist

---

[8] Vgl. dazu: System I, S. 19ff.

immer nur ein fragmentarisches Bild von Mannigfaltigkeit und von veränderlichen Erscheinungen.

Mit der Frage nach der Einheit in der Welt und nach der Einheit der Welt als Ganzes sowie mit der Frage nach deren Grund tritt das Problem des Verhältnisses zwischen dem Subjekt und dem, was ihm gegeben ist, auf. Diese Frage zu stellen bedeutet, das Weltbild des Subjekts von seiner unmittelbaren Erfahrung loszulösen: Die unmittelbare Erfahrung des Subjekts bringt nicht ihre eigene wahre Natur zum Vorschein. Diese wahre Natur kann nicht durch Erfahrung, sondern *nur* durch das Denken erfasst werden. Die Entdeckung der Welt als Kosmos, mit der die Philosophie beginnt, bedeutet Einsicht in den *Zusammenhang* des Gegebenen. *Es ist die Überwindung der Unbekümmertheit des erkennenden Subjekts*: Es ist die *Erkenntnis*, dass die gegebene Mannigfaltigkeit weder durch sich selbst noch durch irgendwelche mythischen Kräfte verstanden werden kann, was dazu zwingt, eine Einheit vorauszusetzen, die als Grund und Ursprung dieser Mannigfaltigkeit verstanden werden muss. Die Welt als Kosmos, im Unterschied zum Chaos, stellt eine Ordnung, und zwar eine *notwendige* Ordnung dar, die *allumfassend* sein *muss*. Mit dieser Erkenntnis ist die Spaltung zwischen Subjekt und Objekt und damit die Unterscheidung zwischen Schein und Wirklichkeit, zwischen Erscheinung und Wesen vollzogen und fordert ihre Erklärung.

Die geforderte Erklärung des Gegebenen kann nicht Erklärung im Sinne von Verallgemeinerung von Einzelerscheinungen sein, sondern sie muss Erklärung im Sinne von Darlegung der Gründe und Bedingungen sein, warum die wahre, also erkannte Wirklichkeit so ist, wie sie ist. Diese Erklärung kann jedoch nicht aus dem Gegebenen kommen. Sie geschieht vielmehr durch dessen Zurückführung auf eine gesetzliche Grundlage, die der Grund alles erkenntnismäßig bestimmten Wirklichen ist. Somit vollzieht die Philosophie eine letzte Erhellung der Welt mittels des menschlichen Denkens und ist insofern *Weltweisheit*.

2. Philosophie ist die Untersuchung der gesetzlichen Grundlage beziehungsweise der Gesetzlichkeit der Wirklichkeit. Sie will die Gesetzlichkeit aufdecken, die die Ordnung in der Welt bestimmt. Die Erkenntnis der Wirklichkeit besteht in der Aufdeckung ihrer Struktur und der objektiven Gesetze, die die wirklichen Zusammenhänge als solche bestimmen und ausmachen. Die Aufgabe der Philosophie besteht *nicht* darin, diese oder jene besondere Erscheinung zu erklären, sondern sie besteht hauptsächlich darin, ein *Prinzip* der Erklärung der Wirklichkeit in ihrer *Gesamtheit* zu finden und zu begründen. Die Philosophie gibt also eine Antwort auf die Frage, worin die Gesamtstruktur der Wirklichkeit besteht, was – wie Faust es ausdrückt – „die Welt im Innersten zusammenhält", welche Stellung und Aufgabe dem Menschen in diesem Ganzen zukommt.

Mit „Welt" und „Wirklichkeit" sind, wie schon bemerkt, nicht Natur oder Naturerscheinungen gemeint. Natur besteht aus den unter Gesetzen vereinigten Dingen in der Welt. Die Welt umfasst aber mehr als nur Natur: Die Welt ist ein einheitlicher und gegliederter gesetzmäßiger Zusammenhang sowohl der Naturerscheinungen als auch des Menschen und seines Handelns (Moralangelegenheiten und die von ihnen bestimmten Sphären) wie auch der Erscheinungen der Kunst und der Religion. Charakteristisch für die Welt ist ihre *Totalität*, d.h. ihre Abgeschlossenheit beziehungsweise Ganzheit:

Sie ist die Totalität dessen, was ist, und heißt deshalb „Wirklichkeit".

Der Gegenstand der Philosophie ist die aller Gegenständlichkeit zugrunde liegende *Gesetzlichkeit*. Diese Gegenständlichkeit ist nicht so gemeint, als ob sie ein bloßes Ding wäre, sondern sie ist als der *Gegenstand der Erkenntnis* gemeint. Der Ausdruck „Gegenstand" ist auch weiterhin in dieser Arbeit in seiner umfassendsten philosophischen Bedeutung zu verstehen. Danach kann „Gegenstand" ein jedes beliebiges Etwas bezeichnen, das Gegenstand der Erkenntnis sein kann. Die Philosophie untersucht also denjenigen Faktor, der die Ordnung der *gesamten* Welt bestimmt und ausdrückt. Dieser Faktor erzeugt und bestimmt den gesetzmäßigen Zusammenhang zwischen allem Gegebenen, das notwendigerweise zu einer der obengenannten Gruppen von Erscheinungen gehört. Die Frage, warum diese Einteilung der Erscheinungen in der Welt notwendig und erschöpfend ist, ist die eigentümliche Aufgabe des Systems der Philosophie. Diese Gruppen von Erscheinungen werden gewissermaßen als Bereiche der Welt verstanden, in denen eine eigentümliche Gesetzlichkeit zu herrschen scheint, die ihnen eine gewisse Selbstständigkeit und Unabhängigkeit verleiht.

So wie die *Welt* selbst nicht ein Aggregat, sondern ein einheitliches Ganzes darstellt, dessen Glieder durch beständigen, gesetzmäßigen Zusammenhang miteinander verbunden sind, so bildet auch die *Erkenntnis der Welt* ein einheitliches System. System ist ein zusammenhängendes, in sich gegliedertes Ganzes, d.h. eine Totalität, deren innere Struktur die Beziehung der Teile oder Elemente zueinander und zum Ganzen bestimmt. *Erkenntnis der Welt* bedeutet die *Einsicht in ihre innere Struktur*, die uns ermöglicht, die Verhältnisse zwischen deren verschiedenen Teilen zu verstehen. Diese Erkenntnis ist *notwendigerweise* systematisch, und zwar im *konstitutiven* und nicht im regulativen Sinn.

Systematisch im regulativen Sinn bedeutet, dass das Verhältnis der gewonnenen Einzelerkenntnisse zueinander durch ein regulatives Prinzip bestimmt wird. Hier geht es im Wesentlichen um eine Art des Ordnens, das durch gegenseitige Verständigung und nicht durch system-logische Notwendigkeit entsteht. Das System der Erkenntnis, das so errichtet wird, ist in seiner Gültigkeit daher zufällig. Systematisch im konstitutiven Sinn dagegen bedeutet, dass das Verhältnis der gewonnenen Einzelerkenntnisse zueinander dadurch bestimmt wird, dass sie alle in einer gemeinsamen gesetzlichen Grundlage verwurzelt sind. Das so errichtete System ist eine *objektive Denkkonstruktion* und das so errichtete *philosophische* System ist ein solches, das *die logische Struktur der Welt als Ganzes widerspiegelt.*

Das Systematische im konstitutiven Sinn – und besonders der Systemcharakter – gehört zum Wesen der Philosophie, es ist ein bestimmendes Merkmal der Philosophie. *Es ist letztlich ein Merkmal der Erkenntnis überhaupt, es ist in der Art, wie wir erkennen, begründet, es ist Folge der logischen Struktur unseres Denkens.* Ein logisch in sich geschlossenes System der Erkenntnis der Wirklichkeit ist wegen seiner Geschlossenheit und logischen Eindeutigkeit ein „Abbild" des Kosmos, es stellt die *Erkenntnis* des Kosmos dar.

Das Ziel unserer Erkenntnis besteht letztlich darin zu zeigen, dass die Welt einen Kosmos darstellt. Dieses wollen wir erreichen, indem wir Gesetzmäßigkeiten, Abhängigkeiten und Beziehungen zwischen den Erscheinungen und im Allgemeinen innerhalb des uns Gegebenen aufweisen. Das Systematische im konstitutiven Sinne ist deshalb ein notwendiger und wesentlicher Charakterzug der Philosophie, weil letztlich nur im System die vollendete Ordnung des Ganzen, d.h. dessen, was wir Kosmos nennen, erlangt werden kann: Nur im System ist diese Ordnung, wie überhaupt jede Art der Allumfassendheit (Allumfassung), gegeben. Die systematische Ordnung des Systems gibt die Ordnung des Kosmos wieder: *Das System ist der logische Ausdruck des Kosmos.* Das ist der Grund, warum die philosophische Erkenntnis die Philosophie selbst immer wieder zum System drängt. Die Rede von der Welt als Kosmos hat, wenn überhaupt, nur im Rahmen eines Systems einen Sinn.

Die Tatsache, dass die Grundfragen der Philosophie im System letzte Antworten finden, veranlasst Philosophen zu der Äußerung, dass es damit zugleich das Ende der Philosophie sei. Damit ist natürlich nicht gemeint, dass es dann keine Philosophie und keine philosophischen Fragen mehr gäbe, sondern nur, dass damit der *Rahmen* für die Beantwortung von spezifischen philosophischen Fragen, im Unterschied zu den Grundfragen der Philosophie, endgültig gefunden wäre.

Trotz seiner Abgeschlossenheit schließt der innere Zusammenhang des philosophischen Systems Gliederung nicht aus. Gliederung bedeutet aber nicht Trennung und Isolierung, sondern eben die Beziehung aller Glieder (Disziplinen) auf das Ganze, das durch einen systembestimmenden Faktor bestimmt wird. Die Disziplinen der Philosophie sind nicht selbstständig und voneinander unabhängig, sie sind nicht in sich geschlossene „Philosophien", sondern sie sind Momente eines Ganzen, also des Systems. (Eines der Charakteristika der heutigen Philosophie besteht in der Neigung, die Disziplinen zu verselbstständigen). Dieses Verhältnis kommt konkret dadurch zum Ausdruck, dass jedes Glied des Systems, d.h. seine Einzeldisziplinen, seine Aufgabe isoliert nicht lösen kann. Die Erörterung eines jeden Teils führt *notwendiger-weise* zu der gesetzlichen Grundlage, in der alle Erkenntnisse verankert und begründet sind. Hier wird deutlich, dass das Verhältnis zu den anderen Disziplinen nicht willkürlich und beliebig sein kann, sondern notwendig sein muss. Das Problem der Philosophie liegt nun darin, die diesen Disziplinen zugrunde liegende gemeinsame Grundlage zu finden, was der Begründung der Philosophie als des Systems der Erkenntnis der Wirklichkeit gleichkäme.

Der Begriff der systematischen Einheit der Erkenntnis ist nicht eine willkürliche Erfindung, sondern er stellt einen *notwendigen* Gedanken dar: Der Einheit der Welt entspricht die Einheit eines allumfassenden Erkenntnissystems. *Dafür ist die Philosophie der geschichtlich geprägte und gegebene Name: Philosophie will immer eine einheitliche und universelle Erkenntnis der Welt als Kosmos sein*, die in der Einsicht in deren logische Struktur, d.h. in deren inneres Gefüge und in die ihr zugrunde liegende Gesetzlichkeit besteht.

3. Philosophie ist auf *Erkenntnis* ausgerichtet: Ihr Ziel ist es, zu erkennen, wie die Welt ist. Die erste Aufgabe der Philosophie besteht darin, die *echten* philosophischen Probleme zu bestimmen und auf eine Weise zu formulieren, so dass die konkrete Möglichkeit ihrer Beantwortung zum System führen wird. Die Philosophie beginnt – *historisch und persönlich* – mit der Entdeckung der Welt als Kosmos. Diese Entdeckung ist von vornherein mit einer *Erkenntnisfrage* verbunden. Die Philosophie beginnt im eigentlichen Sinne erst dann, wenn aus einer Grundfrage, die mit der Entdeckung der Welt als Kosmos immanent verbunden ist, *eindeutige Problemstellungen* hervorgehen, die *persönliche Relevanz* haben.

Das Entdecken und das Formulieren von echten philosophischen Problemen, setzen eine tiefe Einsicht in die Dinge und Erscheinungen und in den Zusammenhang zwischen ihnen voraus. Eine Problem*stellung* setzt nicht nur bestimmte Erkenntnisse über den befragten Gegenstand voraus, sondern sie *ist* bereits eine Erkenntnis und drückt sie aus. Das Problematische muss als problematisch erkannt worden sein, bevor es zum Inhalt eines formulierten Problems werden kann. Ein Problem beruht auf einer Erkenntnis des befragten Gegenstandes, die in der genauen und treffenden Fassung dessen besteht, was an diesem Gegenstand problematisch ist. Diese Vorerkenntnis macht es möglich, eine spezielle, genau formulierte Frage an den befragten Gegenstand zu richten. Diese Frage ist immer eine Frage nach etwas ganz Bestimmtem, was diese Frage *erkenntnistheoretisch begründet.*

Die Grund- oder Vorkenntnisse, mit denen die Philosophie beginnt, bestehen in der Einsicht, dass die Welt einen Kosmos darstellt. Die allgemeinen Fragen, die an sie zunächst gerichtet sind, sind die bereits erwähnten Fragen: Worin besteht die Gesamtstruktur der Wirklichkeit, was hält die Welt im Innersten zusammen, welche Stellung und welche Aufgabe kommen dem Menschen in diesem Ganzen zu? Diese Sachlage schließt von vornherein die Möglichkeit aus, die Philosophie und die philosophischen Fragen so zu charakterisieren, als seien sie nicht nur jedermanns Sache, sondern Angelegenheiten, die selbst Kindern nicht fremd sind.[9] Die

---

[9] Vgl. z.B. Karl Jaspers' „Einführung in die Philosophie", München 1953,
1. Radiovortrag, S. 11

Tatsache, dass manche Fragen ähnlich formuliert sind, bedeutet noch nicht, dass die Motivation und der Hintergrund, die zur Formulierung dieser Fragen geführt haben und das, was mit diesen Fragen gemeint ist, schon deshalb dieselben in ihrer Bedeutung sein müssen. Dass diese nicht dieselben Fragen sind, macht uns spätestens die Tatsache klar, was ein Herr Jedermann, ein besonders kluges Kind und ein Philosoph als Antwort auf diese Fragen betrachten können und betrachten wollen.

Eine echte philosophische (aber auch wissenschaftliche) Problemstellung ist nicht eine unüberlegte, willkürliche Richtung einer Frage an ein Gegebenes, sondern sie ist, weil sie eine Vorkenntnis des betroffenen Gegenstandes darstellt, vom Standpunkt des Erkennenden aus gesehen, notwendig und objektiv. Probleme werden durch den befragten Gegenstand diktiert, sie erfassen das, was am Gegenstand als fraglich und problematisch wirkt. Der *Gegenstand zwingt* uns dazu, die Problemstellung dadurch zu bestimmen, dass das, was an ihm noch nicht klar ist, als Problem erfasst wird. Der *Sachzusammenhang zwingt* die Menschen, die sich mit ihm befassen, dazu, die *Gesetzmäßigkeit* dieses Zusammenhanges zu bedenken und sich mit ihm zu befassen. Die Einteilung der Philosophie in Disziplinen (Glieder des Systems) wird durch die Gesetzmäßigkeit des Zusammenhangs, die wir im Gegebenen entdecken, wie auch durch die objektive Bestimmungsgrundlage der Problematik selbst bestimmt. Das ist meiner Ansicht nach nicht der Hintergrund der Kinderfragen und der Fragen eines Herrn Jedermann, gleichgültig, wie klug diese auch sein mögen.

4. Das Wesen der Philosophie als System zu verstehen, heißt, das Wesen der echten philosophischen Probleme und Fragen zu verstehen – und umgekehrt. Es sind, wenn man auf den Kern der philosophischen Probleme zurückgeht, nur wenige Grundfragen, aus denen später viele Einzelfragen hervorgehen: metaphysische, erkenntnistheoretische (im engeren Sinn), ethische, kunstphilosophische usw. Diese Grundfragen der Philosophie sind nach der kantischen Formulierung die folgenden:

1) Was kann ich wissen?

2) Was soll ich tun?

3) Was darf ich hoffen?

4) Was ist der Mensch?[10]

Diese Fragen lassen sich in der folgenden Frage zusammenfassen: **Was ist der Mensch und was ist die Welt, in der er sich befindet?** Das „Ich", das in allen Fragen als Subjekt auftritt, ist das konkret lebende Individuum, das diese Frage als eine *persönliche, existenzielle Frage* versteht, was es überhaupt dazu drängt und es dazu motiviert, sich mit dieser Frage zu befassen und sich mit ihr auseinanderzusetzen. Es muss jedoch, um diese Frage für sich auf eine verbindliche Weise zu beantworten, die erkenntnistheoretische Dimension dieser Frage betonen: Es muss zunächst, um eben die persönliche und existenzielle Bedeutung dieser Frage zu ermitteln, die theoretische Beziehung des Ichs als Subjekt der Erkenntnis zu sich und zur Welt klären.

---

[10] Vgl. Immanuel Kant, Logik, Suhrkamp-Werkausgabe, hrsg. von Wilhelm Weischedel, Frankfurt a. M. 1991, Bd. VI, S. 448

Diese Fragen sind die eines einzelnen Subjekts, aber die Objektivität der Fragestellung, die sie ausdrücken, besteht darin, dass sie von einer bestimmten persönlichen Ich-Bezogenheit frei sind. Aus den Grundfragen entstehen als Folge die ersten Problemstellungen und mit ihnen fängt die philosophische Erkenntnis an fortzuschreiten. Der Philosoph präzisiert und vertieft die Problemstellungen, was ihn zu dem System führt, in dem die Grundfragen ihre Antwort finden sollen. Somit wird die Welt als Kosmos begreifbar. Interessanterweise werden diese kantischen Grundfragen viel zitiert, jedoch ihre eigentliche Bedeutung hinsichtlich der Beziehung zwischen ihnen nicht richtig verstanden: Sie werden zum Ausgangspunkt der *Trennung* der Philosophie in Disziplinen und nicht zum Ausdruck der *Einheit* der Philosophie. Das heißt, statt diese Fragen so zu verstehen, dass sie zur gemeinsamen Grundlage führen, und zwar aller Disziplinen der Philosophie als Teile eines Ganzen, also als eine systematische Einheit, werden sie als Einzelfragen zum Grund der Trennung der Philosophie in „Sachbereiche" betrachtet.

Den philosophischen Grundfragen entsprechen die vier Gruppen von Erscheinungen, die in der Welt auftreten (1. die Naturerscheinungen, 2. der Mensch und sein Handeln, 3. die Erscheinungen der Kunst und 4. die Erscheinungen der Religion) und bestimmen so die vier Glieder des Systems beziehungsweise die vier Disziplinen der Philosophie (1. die Naturerkenntnis, 2. die Ethik, 3. die Philosophie der Künste und 4. die Religionsphilosophie). Da jedoch durch diese verschiedenen „Bereiche" der Welt die *Vereinigung* derselben zum Problem wird, muss der Zusammenhang aller „Bereiche" der Welt in ihrer gesetzlichen Grundlage gefunden und verankert werden. Je nach der Beantwortung der Grundfragen nach dem Verhältnis von Denken und Welt spaltet sich die Philo-

sophie in ihre verschiedenen Glieder (Disziplinen). Die Einordnung dieser Disziplinen in das System der Philosophie
soll ihre Eigenart begründen und gleichzeitig zeigen, dass die
Einteilung der Philosophie in die verschiedenen Disziplinen
nicht subjektiv, sondern *objektiv* bestimmt und begründet
ist.

5. Die systematische Natur der Philosophie zeigt sich besonders deutlich in der Tatsache, dass ihre Grundfragen und
Probleme *immer dieselben* sind. Geschichtlich gesehen
scheint die Philosophie auf der Stelle zu treten. Sie scheint
sich immer um dieselben Probleme zu drehen. Der Grund für
diesen Eindruck ist die Tatsache, dass die Probleme der Philosophie *keine Orts- und Zeitfragen* sind: Wo immer Philosophie auftritt, treten *dieselben* Probleme auf. Orts- und Zeitfragen sind Fragen, die aus einer bestimmten kulturellen Situation entstehen. Das heißt, sie sind mit Problemen eines
bestimmten historischen Ortes und einer bestimmten historischen Zeit verbunden. Die Antwort auf diese Fragen entspricht daher der kennzeichnenden geistigen Haltung und
den geistigen Bedürfnissen dieser bestimmten Zeit und dieses bestimmten Ortes.

Die philosophischen Probleme dagegen sind konstant, d.h.
ihre Formulierung und ihre Bedeutung sind mit *keiner* bestimmten kulturellen Situation und mit *keinem* bestimmten
historischen Ort und Zeitpunkt verbunden. Wo immer eine
philosophische Beziehung zur Welt auftritt, werden *dieselben*
Grundfragen und Probleme auftreten. Die philosophischen
Probleme werden auf eine *notwendige* Weise durch die bloße
Tatsache der theoretischen Beziehung des Subjekts zur Welt,
zu der es selbst gehört, auftreten. Diese Beziehung ist eine,
die die volle Wahrheit über die Wirklichkeit anstrebt. Inso-

fern sind die philosophischen Probleme das *notwendige* Ergebnis des philosophisch bestimmten Verhältnisses zwischen Denken und Welt.

Die Tatsache, dass die philosophischen Probleme konstant sind, ist insofern ein ausgezeichneter Ausdruck der systematischen Natur der Philosophie, als sie nicht zufällig und beliebig, sondern *notwendig* sind. Das heißt, sie werden durch die philosophisch-erkennende Beziehung des Menschen zur Welt bestimmt. Diese Tatsache *und* die Tatsache, dass die Grundfragen und Probleme der Philosophie verschiedene Aspekte der Welt betreffen, betonen einerseits die *Einheit der Welt*, andererseits aber die *Einheit der Erkenntnis der Welt*. Es sind verschiedene Grundfragen, die *denselben* Gegenstand der Erkenntnis betreffen. Die Antwort auf diese Fragen und auf die von ihnen abgeleiteten Fragen konstituiert die Erkenntnis ihres Gegenstandes. Die Einheit des Gegenstandes der Erkenntnis wird durch seine Erkenntnis ausgedrückt und betont, aber auch umgekehrt: Die Einheit der Erkenntnis dieses Gegenstandes wird durch die Einheit des Gegenstandes hervorgehoben. Diese Einheit der Erkenntnis ist jedoch von vornherein systematisch: Das Verhältnis der durch die Leitung der Grundfragen gewonnenen Einzelerkenntnisse zueinander wird dadurch bestimmt, dass sie alle auf die Einheit gerichtet sind, die ihnen Bedeutung verleiht. Sie tragen also in sich das Merkmal der Unvollständigkeit, was ihnen den Charakter der *Einzelerkenntnisse* verleiht.

6. Die bisherige Ausführung betonte die Tatsache, dass die philosophischen Probleme konstant sind und versucht, diese Tatsache zu erklären. Das soll jedoch nicht so verstanden werden, als ob jedes einzelne Problem, das irgendwann in der Philosophie auftritt, schon deshalb „ewig" sei oder sein

müsse. Konstant sind in der Philosophie nicht einfach alle Einzelfragen und Einzelprobleme, sondern die **Grundfragen** *und die Problemkomplexe, die aus diesen Grundfragen entstehen.* So z.B. enthält die Grundfrage nach dem Wesen der Erkenntnis und des Wissens *immer dieselbe* gesamte Problematik des Verhältnisses zwischen dem erkennenden Subjekt und der von ihm erkannten Welt. Die Frage nach dem Wesen der Erkenntnis und des Wissens besteht nicht, weil sie der große Philosoph Platon in seinen Dialogen formuliert und gestellt hat, sondern weil sie *notwendigerweise* durch die philosophische Einstellung zur Welt *diktiert* wurde, die durch das Streben nach der vollen Wahrheit gekennzeichnet ist.

Jedes philosophische System entwickelt seine eigentümliche Terminologie, formuliert Fragen und beantwortet sie auf die ihm eigentümliche Weise. Die Grundfrage und die aus ihnen entstandenen Problemkomplexe sind aber immer dieselben. Die Formulierung der Fragen und Probleme ist zwar immer neu und anders je nach Sprache und Terminologie des Philosophen; diese Änderung in der Formulierung bedeutet jedoch nicht die Änderung der Fragen und Probleme an sich. Die Frage „Wie sind synthetische Urteile a priori möglich?" ist eine eigentümliche Frage der kantischen Philosophie. Das Problem, das zur Formulierung dieser Frage geführt hat und das diese Formulierung ausdrückt, hat Kant nicht erfunden: Es wurde notwendigerweise durch den Gegenstand der philosophischen Erkenntnis selbst bestimmt.

Das Problem der *heutigen Philosophie* besteht darin, dass ihre Grundfragen, also die ursprünglichen Fragen der Philosophie, keine zentrale, sondern nur eine Nebenrolle spielen. Sie werden nicht mehr in ihrer systematischen Bedeutung, also in ihrer *eigentlichen* Bedeutung als Grundfragen *der*

Philosophie im Allgemeinen gegenwärtig gehalten, sondern sie bekommen ihre Bedeutung und ihren Wert als bestimmte Fragen eines bestimmten Bereiches oder als bestimmte Fragen eines bestimmten Systems der Philosophie oder einer bestimmten „Philosophie", wie ein System oft genannt wird, das schon abgeschlossen ist und als Lehrstoff erörtert, vermittelt und angeeignet wird.

Die Probleme, die in der heutigen Philosophie entwickelt werden und mit denen sie sich befasst, sind keine *Grund*fragen *der* Philosophie, sie werden oft durch „Analyse" erzeugt. Sie treten jedenfalls von vornherein als Probleme eines bestimmten Gebietes auf, in dem *Spezialisierung* betrieben wird. Der Grund, warum die philosophischen Grundfragen an Bedeutung verloren haben, besteht in erster Linie in der Institutionalisierung der Philosophie zu einem akademischen „Fachbereich", zu einer Hochschuldisziplin. In dieser Umwandlung rückt, wegen der damit verbundenen strukturellen Zwänge, das *Lernen* von Philosophie ins Zentrum und das *Philosophieren*, d.h. *die persönliche philosophische Verwirklichung* ins Abseits: An die Stelle der lebendigen Philosophie, die aus der persönlichen Urquelle ihr Leben schöpft, trat die Universitätsphilosophie, eine Philosophie, die allein aus der geschichtlich gegebenen Philosophie und aus dem Versuch, sie zu verstehen, lebt. „So ist langsam, an Stelle einer tiefsinnigen Ausdeutung der ewig gleichen Probleme ein historisches, ja selbst ein philologisches Abwägen und Fragen getre-

ten: was der und jener Philosoph gedacht habe oder nicht o-
der ob die und jene Schrift ihm mit Recht zuzuschreiben sei
oder gar ob diese oder jene Lesart den Vorzug verdiene."[11]

Das Verhältnis einer derartigen Philosophie zur Philosophie
im *eigentlichen* Sinne, d.h. das Verhältnis der Universitätsphilosophie zur Philosophie, gleicht dem Verhältnis von
Kunstgeschichte zur Kunst oder von Musikwissenschaft und
Musikgeschichte zur Musik selbst: Es ist nämlich das Verhältnis zwischen „interessant" einerseits und „wichtig" beziehungsweise *„lebenswichtig"* andererseits.

Was die Philosophie betrifft, so ist es ein Verhältnis, das den
prinzipiellen Unterschied zwischen Philosophie in ihrer geschichtlich gegebenen Form als dem zu bewältigenden Stoff
und zwischen Philosophie, die als etwas bestimmt ist, was
eine bestimmte Person zwangsläufig angeht und berührt, so
dass die Philosophie bei ihm neu beginnen muss. Das heißt
also: Bei der Philosophie im eigentlichen Sinne handelt es
sich um die Beziehung und um die Einstellung zur Philosophie, die durch das starke persönliche Bedürfnis zur philosophischen Selbstverwirklichung bestimmt sind, ohne deren
Befriedigung diese Person niemals glücklich sein kann.

7. Wir haben eben von der Erkenntnis der Welt als Kosmos
gesprochen und sie als Gegenstand der Erkenntnis bezeichnet. Diese Ausdruckweise sollte jedoch nicht so verstanden

---

[11] Friedrich Nietzsche: Über die Zukunft unserer Bildungsanstalten. In: Sämtli-
che Werke Kritische Studienausgabe , Bd. I, München 1980,
S. 742 f.

werden, als stünde das Ganze der Welt wie ein Ding, wie ein Einzelobjekt vor unseren Augen und wäre so für die philosophische Erkenntnis offen. *Die Welt als Ganzes verstanden, kann nicht als ein besonderes Gegebenes oder als ein besonderer Inhalt bezeichnet und verstanden werden.* Denn erstens müssten wir uns in jedem Versuch, die Welt so zu verstehen, ihr gegenüberstellen und sie abgrenzen, so dass sie das Eine im Sinne des Ganzen nicht mehr wäre. Zweitens kann sich das erkennende Subjekt aus der *Perspektivität*, in der es sich zwangsläufig befindet, nicht befreien, was notwendig wäre, um das Weltganze als Einzelobjekt zu betrachten. Diese Perspektivität kennzeichnet es gerade!

Es ist also klar, dass, wenn wir von der Erkenntnis der Welt als Kosmos, d.h. als Weltganzes sprechen, dass wir damit nicht meinen können, dass das Weltganze als Ding oder als Einzelobjekt Gegenstand der Erkenntnis oder der Philosophie ist. Wir meinen damit vielmehr die *Erkenntnis des Grundes aller Gegenständlichkeit der Erkenntnis.*

Hier geht es *nicht* darum, die Welt in ihrer unendlichen Vielfältigkeit und Mannigfaltigkeit „auf einen Blick" zu erfassen, sondern die *Gesetzlichkeit, welche die Welt zum Kosmos, zur Wirklichkeit macht, zu begreifen.* Die Aufgabe der Philosophie *kann nicht* darin bestehen, die Erfahrung in allen ihrer Zufälligkeiten zu begreifen. Sie behandelt *nicht* die Erfahrung im ganzen Reichtum ihrer Gegebenheiten und ihrer besonderen Inhalte, sondern *die notwendigen Bedingungen und Bestimmungen, welche die Wahrheit beziehungsweise Wirklichkeit und ihre Erkenntnis möglich machen. Die Philosophie ist also ihrem Wesen nach kein Sachbereich.* Was sie kennzeichnet, ist nicht ein bestimmtes Objekt, sondern ihre *Fragestellung*, die dadurch bestimmt wird, dass sie eben

„philo-sophia" ist. Die Frage, warum die eigentümliche Perspektivität des erkennenden Subjekts es in der Möglichkeit
nicht beeinträchtigt, die Welt in dem hier erklärten Sinn zu
erkennen, muss im Rahmen des jeweiligen Systems ausführ-
lich erörtert werden.

Alles, was dem Subjekt bewusst ist – das Gegebene jeglicher
Art, sein Handeln und es selbst als Subjekt – stellt, insofern
das Subjekt es *denkt*, von vornherein ein Problem dar. Denn
das, *was* es darin denkt und *worin* dieser Denkinhalt begründet ist, ist mit dem Zustand des Bewusst-Seins selbst *nicht*
gegeben. Da, wo es sich um die Wirklichkeit und um das Wesen der Erscheinungen in der Welt handelt, kehrt die gesetzliche Grundlage des gesetzmäßig bestimmten Zusammenhanges in der Wirklichkeit immer wieder in die Fragestellungen
zurück. Denn das, was wir über die Erscheinungen und über
die gegebenen Inhalte im Allgemeinen *denken*, ist von uns
nicht beliebig oder willkürlich erfunden. Um als wahre Erkenntnis zu gelten, muss dieser Denkinhalt allgemein gültig
sein: Es kommt darauf an, diese Wahrheit der Erkenntnis zu
begründen und sie so in ihrer Gültigkeit zu beweisen.

Die philosophische Fragestellung richtet sich also *von vornherein* auf einen Faktor, der die uns erscheinende Welt zum
Kosmos, d.h. zum gesetzlich geordneten Ganzen macht. Dieser Einheit und dieser Ordnung der Welt entspricht die Einheit eines allumfassenden Erkenntnissystems. Philosophie,
die sich nur mit bestimmten, abgesonderten Problemen beschäftigt, oder die sich nur auf ein bestimmtes Gebiet „spezialisiert", ist eigentlich keine Philosophie. Philosophie, die
von vornherein, aus welchen Gründen auch immer, auf die
Einsicht in den breitesten Zusammenhang der Wirklichkeit
verzichtet, ist Philosophie, die auf Wahrheit verzichtet und
damit eine Philosophie, die sich selbst als solche aufhebt.

8. Die *gesamte* Philosophie steht im Zeichen des Erkenntnisproblems. Alle Inhalte, die dem Subjekt gegeben sind, stellen für dieses ein Problem dar: das Problem der Erkenntnis dieses Gegebenen. Die Erkenntnis, um die es sich hier handelt, ist immer die Erkenntnis der Gesetzmäßigkeit(en) in den verschiedenen Bereichen, die alle Erscheinungen der Welt (die Naturerscheinungen, der Mensch und sein Handeln, die Kunst und die Erscheinungen der Religion – also die „Bereiche der Welt") bestimmt, aber auch die Erkenntnis der gesetzlichen Grundlage, die diese Gesetzmäßigkeit(en) bestimmt. Ein philosophisches System ist in dieser Hinsicht ein *umfassendes Erkenntnissystem.*

Die ursprüngliche Aufgabe der Philosophie besteht darin, die Konstitution und die Einheit aller Erscheinungsgebiete zu begreifen. Das kann sie dadurch erreichen, dass sie diejenigen Faktoren isoliert und präzise bestimmt, die – indem sie *gesetzmäßige* Faktoren in diesen Gebieten darstellen – *notwendig* als Komponenten dieser Weltbereiche betrachtet werden *müssen.* Die Philosophie soll, mit anderen Worten, die Gesetzlichkeit aufdecken, die zur Konstitution dieser Bereiche und zu ihrer Vereinigung zum Weltganzen führt, und sie als Wissen darstellen. Die ursprüngliche Aufgabe der Philosophie besteht also darin, die ursprüngliche Gesetzlichkeit, die gesetzliche Grundlage *aller* Gesetzlichkeit, den *Logos der Welt* aufzudecken. Dieser Logos macht die Welt zu dem, was sie ist, also zum Kosmos, und er vereinigt so alles in einem Bewusstsein einer Welt.

Das Problem, das diese Aufgabe prägt, ist, wie gesagt, das Erkenntnisproblem. Das Problem der philosophischen Erkenntnis ist das Problem der Gewinnung von *wahren, allgemeingültigen* Erkenntnissen: *Welche Bedingungen müssen erfüllt sein, damit Wahrheit, aber auch ihre objektive Gültigkeit und ihre Evidenz überhaupt möglich sein können?* Erkenntnis *muss* in ihrem Gültigkeitsanspruch *immer* allgemein gültig sein. Der gedankliche Inhalt der Erkenntnis trägt immer die Gestalt eines objektiven, also allgemein gültigen Wissens. Die Frage ist nun, ob ein philosophisches System überhaupt für sich beanspruchen kann, ein zwingend gültiges System zu sein.

Diese Frage ist prinzipiell folgendermaßen zu beantworten: Zwingende Gültigkeit kann *nur dann* beansprucht werden, *wenn* die Erkenntnis nicht über das Denken oder den Verstand hinausgeht. Für Transzendieren der Welt kann zwingende Gültigkeit nicht beansprucht werden, denn sonst wäre es kein Transzendieren. Zwingende Gültigkeit kann *nur dort* beansprucht werden, wo von vornherein die Möglichkeit besteht, Aussagen zu *begründen* – und Begründung ist von vornherein gänzlich verstandesmäßig: Wo ich den Grund der Richtigkeit einer Aussage angeben beziehungsweise erkennen kann, befinde ich mich in dem vom Verstand beherrschten Bereich.

Nach dem eben Gesagten muss man also feststellen: Ein philosophisches System kann nur dann zwingend gültig sein und für sich Wahrheit beanspruchen, wenn das Denken allein imstande ist, die Wahrheit über die Welt festzustellen. Die Aussagen eines philosophischen Systems sollten nicht im umgangssprachlichen Sinne „geglaubt" werden, sondern *eingesehen* werden: Sie beanspruchen, *Wahrheit* kundzutun! Die Anerkennung der Wahrheit einer Erkenntnis in der Philosophie (wie auch überall sonst) kann *nur* durch eine Begründung entstehen. Wahre Erkenntnisse sind allgemein gültige Erkenntnisse, d.h., jeder denkende Mensch soll ihre Wahrheit einsehen können, weil sie bewiesen und begründet sind.

Wahrheit ist *immer* verstandesmäßig, niemals aber kann sie erlebnis- oder im umgangssprachlichen Sinne „glaubensmäßig" sein. Es hat keinen Sinn Erlebnis-, Wahrnehmungs- oder Glaubensurteile begründen zu wollen, denn diese Urteile sind rein subjektiv. „Wahrheit" und „wahr" können sich also nur auf Erkenntnis beziehungsweise Wissen beziehen, *niemals* aber auf Glauben im umgangssprachlichen Sinne, auf Wahrnehmung oder Erlebnis.

9. Die Aussagen der Philosophie erheben den Anspruch auf *objektive* Gültigkeit. Das bedeutet, dass sie die Forderung erheben, in ihrer Gültigkeit allgemein anerkannt zu werden. Die Frage ist nun, wie man aufgrund dieser Tatsache erklären kann, dass es in der Philosophie verschiedene Richtungen, Schulen und überhaupt Streitigkeiten geben kann? Wie kann diese Spaltung in Annehmende und Ablehnende zustande kommen, obwohl die Aussagen begründet sind, d.h. ihrem Wesen nach allgemeine Anerkennung verlangen? Warum überzeugt diese Begründung die Ablehnenden nicht, warum leuchtet sie ihnen nicht ein? Mit anderen Worten: Warum scheint die Begründung einer philosophischen Aussage nicht allgemeingültig und zwingend zu sein?[12]

Die Erscheinung, dass Lösungen als Lösungen desselben Problems grundsätzlich voneinander abweichen und sogar sich widersprechen können, nennt man in der Philosophie „Richtungen". Die Richtungen sind der theoretische Ausdruck für die Tatsache, dass *verschiedene* Systeme *ihre* Lösungen bestimmen, die voneinander abweichen und eventuell sich widersprechen können. Jede von diesen Lösungen –

---

[12] Vgl. dazu: Kap. V wie auch §14 dieses Kap.

wie im Allgemeinen jede Lösung eines philosophischen Problems – tritt mit dem Anspruch der Endgültigkeit auf.

Trotz der obengenannten Erscheinung kann es jedoch grundsätzlich nur eine *einzige* wahre Lösung für dasselbe Problem geben. Ein philosophisches Problem kann niemals zulassen, dass es grundsätzlich mehrere Lösungen hat. Entweder ist eine Lösung falsch oder sie ist wahr: **Die** *Wahrheit* lässt von vornherein keine Mehrzahl von möglichen wahren Lösungen für ein und dasselbe Problem zu.

Die Erscheinung der verschiedenen Richtungen in der Philosophie lässt sich folgendermaßen erklären: Zwei Faktoren bestimmen den Charakter eines philosophischen Systems: erstens der *systematische Ausgangspunkt* und zweitens *die Fragestellung und die aus beiden abgeleiteten Problemkomplexe.* Anerkennung kann man nur dann erzwingen, wenn man begründen und beweisen kann. Das ist dort der Fall, wo man der Beweisführung nur zu folgen braucht. Dann wird man einsehen und anerkennen *müssen.* Mit anderen Worten heißt das, *wenn man vom* **richtigen** *Ausgangspunkt ausgeht, und wenn man an das Gegebene die* **richtigen** *Fragen stellt, wird man* **notwendigerweise** *zu den* **richtigen** *Schlüssen und Antworten kommen.* Das gilt nicht nur für die Philosophie, sondern für alle Bereiche, in denen es sich um Erkenntniserwerb handelt. So z.B. sieht man im Bereich der Naturwissenschaften, wo man vom Bestehen von allgemein zwingenden Aussagen überzeugt ist, gleich die Wichtigkeit der Auswahl des richtigen Ausgangpunktes und der richtigen Fragestellungen. Ein philosophisches System ist also falsch, wenn es auf einem falschen Fundament basiert, aber auch wenn seine Fragestellungen nicht die richtigen sind. Wahr kann grundsätzlich nur ein einziges System sein, sonst würde die Philosophie keine Wahrheit, sondern Glaubensurteile im umgangssprachlichen Sinne vermitteln, wobei sie sich damit als Philosophie aufheben würde.

10. Wie schon mehrmals bemerkt, ist die Struktur der Welt, die wir erkennen, uns nicht geordnet vorgegeben. Die Welt als Kosmos wird von uns *verstandesmäßig* entdeckt. Diese Entdeckung besteht in der Einsicht, dass die Welt ein *gesetzlich geordnetes Ganzes* darstellt. Eine gesetzliche Grundlage bestimmt die Gesamtordnung der Welt und macht sie zu einer abgeschlossenen Einheit. Diese Einheit beziehungsweise Gesetzlichkeit, welche diese abgeschlossene Einheit bestimmt, ist der *einzige Faktor*, der die Notwendigkeit und Allgemeingültigkeit der Erkenntnis möglich macht. Denn dieser Faktor allein bestimmt die Struktur der Welt und die damit notwendigen Beziehungen in der Welt.

Nun ist aber Einheit an sich nicht gegeben. Gegeben ist nur eine Mannigfaltigkeit von Wahrnehmungen und Erscheinungen, die uns als eindeutig in ihren inhaltlichen Bestimmungen erscheinen. Dieses Gegebene fängt für uns erst dann an, ein Problem darzustellen, wenn es als etwas *Irrationales* wahrgenommen wird, d.h. als etwas, das in seinem Wesen durch das Denken nicht erfasst werden kann. Die *Irrationalität des Gegebenen* ist *das* Problem der Erkenntnis. Der Prozess der Erkenntnis stellt somit den Versuch dar, das Gegebene zu rationalisieren.

Die Irrationalität des Gegebenen besteht darin, dass es uns als *zufällig* erscheint, d.h. als *zusammenhanglos*. Die Rationalisierung des Gegebenen besteht also darin, es in einen gesetzmäßigen Zusammenhang zu bringen, also in der Aufhebung seiner Eigenständigkeit und seines Eigenwertes. *Zusammenhang*, allgemein gesehen, ist mehr als das Verhältnis von an sich bestehenden Elementen zueinander. Es ist vielmehr die *Verbindung der Elemente zu einem Ganzen*. Erst zusammengehörige Teile bilden einen einheitlichen oder systematischen Zusammenhang, der seinerseits die Ordnung, also die Einheit in der Mannigfaltigkeit stiftet. Zusammenhang ist also von vornherein immer ein *gesetzmäßiger* Zusammenhang. Die Alternative wäre ein Aggregat, also eine zusammenhangslose Anhäufung oder Sammlung von Elementen.

Erkenntnis heißt also Rationalisierung des Gegebenen, d.h. die Rationalisierung dessen, was uns als ein bestimmter Inhalt gegeben ist. Rationalisierung bedeutet Ins-Verhältnis-Setzen, d.h. einen Zusammenhang schaffen. Dies bedeutet wiederum Einheit stiften, und diese deutet auf eine gesetzliche Grundlage oder Gesetzlichkeit hin, die diese Einheit stiftet beziehungsweise die diese Einheit selbst ist.

Wichtig zu betonen ist die *Abgeschlossenheit des Zusammenhanges*. Die Verhältnisse, die den Zusammenhang schaffen, bilden eine *geschlossene* Einheit: Der Zusammenhang ist die gesetzmäßig zusammengesetzte, in sich geschlossene Mannigfaltigkeit von Elementen. Wäre der Zusammenhang offen, dann wäre es kein Zusammenhang, sondern bloß eine Ordnung, über die man sich verständigt hat. Eine solche Ordnung ist jedoch ihrer Natur nach immer beliebig und zufällig, während ein echter, wahrer Zusammenhang, d.h. ein systematischer Zusammenhang immer objektiv und notwendig ist. Denn nur in einem solchen Zusammenhang hat *jedes* Element seinen *notwendigen, durch Gesetzlichkeit* **eindeutig** *bestimmten Ort* in der Ordnung und somit eine *eindeutige Bedeutung* in dieser Ordnung. Das gilt in gleicher Weise für den Kosmos wie für das Erkenntnissystem des Kosmos. Genau wie der Kosmos nicht offen ist, so ist auch das System, das die Erkenntnis des Kosmos darstellt, eine abgeschlossene Einheit: Es ist von vornherein eine Totalität, wie der Kosmos selbst, den es widerspiegelt.

Ein philosophisches System gilt in dem Moment als abgeschlossen, wenn die Grundfragen und die aus ihnen abgeleiteten Problemkomplexe gelöst, also im systematischen Sinne beantwortet sind. Ein philosophisches System ist *nicht* verpflichtet, ein jedes Problem, das philosophische Bedeutung hat beziehungsweise haben kann, zu berücksichtigen, zu erörtern und zu beantworten. Es ist auch *nicht* verpflichtet, die Bedeutung einer jeden Erscheinung, die in der menschlichen Erfahrung auftritt, erschöpfend darzustellen oder überhaupt „philosophisch" zu erörtern. Das System, indem es die Grundfragen und die aus ihnen abgeleiteten Problemkomplexe beantwortet, liefert den Maßstab nicht nur für die Lösung eines jeden Problems, das philosophische Bedeutung hat oder haben kann, sondern auch für die Erörterung von neuen Erscheinungen und ihre Verhältnisse. Nicht alles, was philosophische Bedeutung hat oder haben kann, gehört deshalb in das System. Zu sagen, dass ein Problem philosophische Bedeutung habe, heißt, dass seine Lösung die *universelle gesetzliche Grundlage benötigt*, die das System zu entdecken und darzustellen hat.

Die menschliche Erfahrung ändert sich ständig; jedoch was immer auftritt, gehört zwangsläufig zu einem der vier Erscheinungsbereiche der Welt. *Einem Etwas philosophische Bedeutung zuzuschreiben, heißt immer, die Beziehung zwischen diesem Etwas und der Wirklichkeit als Ganzem hervorzuheben.* Das System beschäftigt sich jedoch nur mit der Instanz, welche die Wirklichkeit als Wirklichkeit verständlich und möglich macht; somit liefert es die Grundlage für philosophische Erörterung von Fragen jeder Art.

11. Der „Stoff" des Erkenntnisprozesses (des Rationalisierungsprozesses) ist die gegebene Mannigfaltigkeit der Welt oder im Allgemeinen das Gegebene. „Gegeben" ist im strengen Sinne das, was zum Bewusstsein kommt und ein bewusstes „Bild" erzeugt oder einen bewussten, konkreten Inhalt darstellt. Das bloße Gegeben-Sein des Gegebenen als „Stoff" bedeutet nicht mehr als die Tatsache, dass wir etwas erfahren, was wir schon vorgefunden haben. Die Frage, ob das „Gegebene" etwas vom Denken Unabhängiges oder das, was da ist, ohne unsere aktive Mitwirkung vorhanden sein kann, darauf muss das System klare und eindeutige Antwort geben.

Die gegebene Mannigfaltigkeit der Welt ist nicht homogen, sondern bestimmt verschiedene Bereiche in der Welt. Jeder Bereich wird durch ein Gegebenes bestimmt, das ihm eigen ist: Das Gegebene der sogenannten Anschauung (Raum-Zeit-Verhältnisse) bestimmt das Gebiet der physischen Natur; das, was uns als Wille und Persönlichkeit („Mensch") erscheint, bestimmt den Bereich der Moral und der von ihr bestimmten Kulturgebiete; das Gegebene als die Darstellung in den Kunstwerken bestimmt den Gesamtbereich der Kunst; und das Gegebene als die Erscheinungen, die die Richtung auf das Göttliche ausdrücken, bestimmen den Bereich der Religion.

Das Gegebene, das einen jeden dieser Bereiche bestimmt, wird dadurch charakterisiert, dass es in *keinem* anderen Bereich *in seiner Eigentümlichkeit* erscheint oder erscheinen *kann* beziehungsweise *kein eigentümliches* Problem in den anderen Bereichen darstellt und darstellen *kann*.

Die Differenzierung der verschiedenen Arten des Gegebenen, die die verschiedenen Teilbereiche der Welt bestimmen und darstellen, ist die erste Stufe der Ordnung in der Welt. Da die

Weltordnung eine Einheit darstellt, die nicht einfach aus Teilordnungen zusammengesetzt ist, stehen wir vor dem Problem der Rechtfertigung der Mannigfaltigkeit der Teilbereiche der Welt in ihrer Eigentümlichkeit, also die Rechtfertigung der Differenzierung des Gegebenen in verschiedene „Arten". Das Problem des Verhältnisses zwischen den Teilbereichen zueinander betrifft die Welt, während das Problem des Verhältnisses der Disziplinen der Philosophie zueinander die Erkenntnis der Welt betrifft.

Die Gespaltenheit der Welt erweckt auf den ersten Blick den Eindruck, als ließe sich keine übergreifende Einheit finden, welche die Gespaltenheit in sich schlösse, so dass diese Gespaltenheit aus dem Ganzen begreiflich würde. Der Ausdruck der Welt als gespalten ist die erscheinende *Heterogenität* der Mannigfaltigkeit der Welt. Dieser Ausdruck ist aber keinesfalls Ausdruck einer letzten Tatsache. Die Tatsache jedoch, dass diese heterogene Mannigfaltigkeit der Welt und die Bereiche, die sie bestimmt, von *demselben* Denken und von *demselben* Bewusstsein gefasst werden kann, deutet auf eine *umgreifende Einheit* hin, die diese Mannigfaltigkeit in sich schließt: *Die Welt ist rational.*

Das Denken bezieht sich auf das Gegebene in einer doppelten Weise. Erstens weigert es sich, seine Irrationalität als endgültig zu akzeptieren, und zweitens unternimmt das Denken die Rationalisierung des Gegebenen, d.h., es will seine Gesetzmäßigkeit bestimmen. Mit anderen Worten, das Denken betrachtet die Irrationalität des Gegebenen nur als *vorläufig*, nur als einen *anfänglichen* und nicht als einen endgültigen Zustand. Diese Bestimmung der Gesetzmäßigkeit des Gegebenen ist aber keinesfalls eine Bestimmung, die im Nachhinein durch Reflexion festgestellt wird, sondern eine *konstitutive* Bestimmung des Gegebenen: *Die Erkenntnis ist von vornherein konstitutiv*, denn sie gibt dem Gegebenen eine Bedeutung, die es zunächst als bloß Gegebenes entbehrt.

Die Rationalisierung des Gegebenen bedeutet die Aufhebung seiner Loslösung von einem jeden gesetzmäßigen Zusammenhang. Das Konstitutive der Erkenntnis besteht in der Erzeugung von verstandesmäßigen Verbindungen und Verhältnissen, die der Erfahrung vorausgehen, ja vorausgehen *müssen*. Die Einzelerscheinungen und Einzelinhalte können nur aufgrund dieser Verhältnisse und Verbindungen gedeutet und geordnet werden.

12. Wir haben schon gesehen, dass der Gegenstand der Philosophie nicht das Weltganze im Sinne eines Einzelobjektes ist oder sein kann. Das Individuum nimmt in seiner Erfahrung die Welt nicht in ihrer ganzen Breite auf, sondern es ist notwendigerweise an die Fragmentarität gefesselt. Die Aufgabe der Philosophie besteht in der *Überwindung dieser Fragmentarität* und zwar dadurch, dass sie in einer *rationalen* Übersicht alle Aspekte der Wirklichkeit umfassen will. Rationale Übersicht bedeutet hier nicht die Zusammensetzung von schon gewonnenen Erkenntnissen zu einem einheitlichen „Bild" der Welt, sondern sie bedeutet *das Begreifen der logischen Struktur der Welt und deren gesetzlicher Grundlage*. Damit werden alle erlebnis- und anschauungsmäßigen Eigenschaften der Welt durch *verstandesmäßige* Charakteristika ersetzt: Die Rationalität der Welt besteht in ihrer *logischen Durchsichtigkeit*.

Die Rationalität der *Erkenntnis* besteht in der Möglichkeit des Individuums, das notwendigerweise an die Fragmentarität gefesselt ist, diese Rationalität der Welt zu *begreifen*. Rationalität bedeutet also die Fähigkeit des Individuums, das immer einen *bestimmten* Gesichtspunkt darstellt, einen *universellen* Gesichtspunkt anzunehmen.

Die Spaltung zwischen dem Subjekt (dem Erkennenden) und dem, was ihm gegeben ist und die damit verbundene Unterscheidung zwischen Schein und Wirklichkeit, haben zwei verschiedene Aspekte, welche der Gespaltenheit der Welt Ausdruck verleihen. Einmal ist es die *Fragmentarität* dessen, *was* wir erfahren, und zum anderen ist es die *Einseitigkeit unserer Erfahrungsweisen* (Sinnlichkeit, Gefühle, Denken). Das heißt, *nicht nur das Gegebene* bestimmt verschiedene Bereiche, die zunächst unvereinbar erscheinen, sondern *auch die Art und Weise, wie wir dieses Gegebene erfahren*, scheint unvereinbare Bereiche zu bestimmen. Diese *zwei Seiten der Gespaltenheit der Welt* müssen überwunden werden, andernfalls würde die Rede von „Kosmos", „Universum", „Wirklichkeit" usw. überhaupt keinen Sinn ergeben.

Die Überwindung der obengenannten Gespaltenheit und Fragmentarität besteht in der Einsicht in die Einheit der Mannigfaltigkeit der Welt. Diese Einheit ist nicht die der sinnlichen Auffassung, sondern die der *gedanklich-begrifflichen* Auffassung. Die Einheit der Mannigfaltigkeit der Welt, in die wir durch diese gedanklich-begriffliche Auffassung Einsicht haben, ist deshalb möglich, weil diese *Einheit zugleich die **Einheitlichkeit** alles Gegebenen* darstellt. Das heißt, für alles Gegebene gilt eine fundamentale Gesetzlichkeit in gleicher Weise, und nur deshalb lässt sich überhaupt Einheit in der Mannigfaltigkeit erkennen, Einheit, die durch eben diese Mannigfaltigkeit der Welt zum Ausdruck kommt.

Das ist auch der Sinn des Zusammenschlusses *aller* Probleme der Philosophie in ihren verschiedenen Disziplinen in der Einheit eines Systems: Die Einheit der Probleme ist zugleich ihre Einheitlichkeit. Das bedeutet, dass im System keine philosophischen Fragen auftreten und erlaubt sein dürfen, die nicht in einem systematischen Zusammenhang mit *allen* anderen Fragen stehen, sonst hätten diese Fragen keine philosophische Bedeutung, sondern wären Fragen eines bestimmten Sachbereiches. Da diese Einheit, die zugleich Einheitlichkeit ist, uns nicht gegeben ist, *muss* sie *gedanklicher* Natur sein: *Die Einheit der Wirklichkeit und die Einheit des Systems sind in der Grundlage des Denkens verwurzelt.*

Die Einheit des Systems hat zwei verschiedene Aspekte: einen formalen und einen inhaltlichen Aspekt. Der *formale* Aspekt besteht in dem *Anspruch aller Aussagen des Systems auf Richtigkeit.* Der *inhaltliche* Aspekt besteht in dem *Anspruch des Systems, Erkenntnis der Wirklichkeit und somit Wahrheit zu vermitteln.*

Diesen *beiden* Aspekten ist das Problem der *Gültigkeit* gemeinsam: Der Gültigkeitsanspruch betrifft nicht nur den formalen Aspekt des Systems, sondern auch in gleichem Maße den inhaltlichen Aspekt. Abgesehen davon ist dieser Gültigkeitsanspruch nicht mit einer bestimmten Disziplin verbunden. Daher gilt das Prinzip, das die Gültigkeit begründet, für alle Disziplinen gleichermaßen, und zwar sowohl formal als auch inhaltlich.

Die systematische Einheit der verschiedenen Erkenntnisgebiete (Disziplinen) wird also dadurch charakterisiert, dass sie eine apriorische, gesetzmäßige Einheit darstellt, was bedeutet, dass das System der Erkenntnis eine gänzlich verstandesmäßige Konstruktion darstellt. In dieser Hinsicht ist *Logik* die Grundlage des Systems.

Mit Logik ist hier jedoch *nicht* bloß die sogenannte formale Logik gemeint, sondern *Logik als Lehre vom Denken und von der Erkenntnis überhaupt*, also als Lehre, die sowohl den formalen wie auch den inhaltlichen Aspekt des Denkens und der Erkenntnis berücksichtigt und begründet.

13. Das eigentliche Problem des Systems ist das Problem des Verhältnisses zwischen den verschiedenen Disziplinen wie auch die Rechtfertigung der Mehrzahl dieser Disziplinen. Die Frage ist, wie kann man im System eine Bestimmung der Einheit der Disziplinen vollziehen? Die Vereinigung der Disziplinen darf kein Aggregat ergeben und darstellen. Diese Einheit kann auch nicht als Übereinstimmung der Disziplinen untereinander verstanden werden, denn was soll eine solche Einheit bestimmen? Die Einheit des Systems muss daher als *Gesetzlichkeit* bestimmt werden. *Nur so* ist die Bestimmung des *logischen Ortes* eines jeden Gliedes des Systems im System möglich. *Nur so* ist die Möglichkeit gegeben, den Rahmen und die Grenzen des Systems auf der einen Seite, aber auch die Verhältnisse der Glieder des Systems zueinander auf der anderen Seite zu bestimmen. *Diese Gesetzlichkeit stiftet nicht nur die Einheit des Systems: In ihr* **besteht** *diese Einheit.* Jede Art der Gesetzmäßigkeit gründet in dieser Gesetzlichkeit und drückt sie auf eine bestimmte Art aus.

Da alle Disziplinen des Systems als Erkenntnisgebiete definiert sind, stellen ihre spezifischen Probleme einen bestimmten Aspekt des Erkenntnisproblems dar. Das Problem der Erkenntnis als das Problem eines umfassenden Erkenntnissystems ist nicht als das Erkenntnisproblem im engeren Sinne des Begriffs „Erkenntnis" zu verstehen. Denn dieses Problem bezieht sich nicht auf die Untersuchung des Gebietes der Erkenntnis im gewöhnlichen Sinne dieses Begriffs, der nur eine einzige philosophische Disziplin betrifft, nämlich die sogenannte Erkenntnistheorie. In dem hier gemeinten Sinn stellt das philosophische System ein umfassendes Erkenntnissystem beziehungsweise eine umfassende Erkenntnislehre dar, die *alle* Disziplinen umgreift.

Die verschiedenen Bereiche der Welt sind zunächst als beziehungslos gegeben. Die Inhalte dieser Weltbereiche scheinen völlig abgesondert und einander fremd zu sein. Erst das System als Erkenntnissystem zeigt deren *komplementäre* Natur, so dass sie gemeinsam eine Welt als Kosmos darstellen. Jeder Weltbereich wird durch die Tatsache bestimmt, dass er eine *Wahrheit* ausdrückt, die *kein* anderer Bereich ausdrücken *kann.*

Die philosophische Untersuchung dieser Weltbereiche zeigt nach und nach ihre komplementäre Natur. Jede philosophische Beschäftigung mit einem dieser Weltbereiche *müsste* zur der Errichtung eines Systems führen, denn eine solche Beschäftigung würde es notwendig machen, die gesetzmäßige Ordnung dieses Bereiches aufzudecken, was zur gesetzlichen Grundlage einer jeden Ordnung überhaupt führen müsste. Die Weltbereiche selbst und das Verhältnis zwischen ihnen können also *nur* in Bezug auf das *ganze* Gebiet der Erkenntnis als das definiert werden, was sie sind. Die Verschiedenheit dieser Bereiche wird gänzlich bewahrt, diese werden aber in einer durch ihr eigenes Wesen bestimmten Einheit vereinigt.

Die Einheit des gesamten Inhalts der Erkenntnis ist die Grundlage des Systems und bürgt für seine *Wahrheit.* Der gesamte Inhalt aller Weltbereiche stellt *die umfassendste* Wahrheit dar. Jeder Bereich bringt einen spezifischen Aspekt der Wahrheit zum Ausdruck, der in keinem anderen Bereich zum Ausdruck kommen kann. Der logische Ursprung der Mehrzahl der Weltbereiche ist *das Bewusstsein der Einheit der vollen Wahrheit.* Das System als „Abbild" des Kosmos hat ein Prinzip, aus dem sich *a priori* die spezifischen Teile der Wahrheit feststellen lassen. So wird der *in-nere Grund* sowohl für die Mehrzahl der sogenannten Weltbereiche und für die mit ihnen korrespondierenden Disziplinen als auch für ihre Einheit gefunden.

14. Die Einteilung der Wahrheit in ihre spezifischen Teile lässt sich wie gesagt a priori feststellen. Diese Einteilung kann aufgrund der Tatsache der *Spaltung zwischen Subjekt und Objekt* und aufgrund der *Natur des Denkens* bestimmt werden. Sie wird einerseits durch die *logischen* Möglichkeiten des Verhältnisses zwischen dem erkennenden Subjekt und dem, was Nicht-Subjekt ist, anderseits aber zwischen dem Subjekt zu sich selbst und zu anderen Subjekten bestimmt. Die Apriorität dieser Einteilung bedeutet, dass der Status des Subjekts als **erkennendes** *Subjekt* es zu dieser Bestimmung der spezifischen Teile der Wahrheit und des Verhältnisses zwischen ihnen *zwingt*. Dieser Status kommt in der ursprünglichen und absolut unbezweifelbaren Tatsache des *Selbstbewusstseins* des erkennenden Subjekts zum Ausdruck. Die damit verbundene *Subjekt-Objekt-Spaltung* (Erkennender vs. Erkanntes) ist die Grundstruktur unseres Bewusstseins: Sie ermöglicht sowohl die Selbsterfassung des Subjekts, als auch die Erfassung des Objekts als Objekt für ein Subjekt.

Die Subjekt-Objekt-Spaltung führt das Subjekt dazu, die Naturerscheinungen als etwas zu bestimmen, das von ihm unabhängig zu sein scheint. Diese Erscheinungen bestimmen den Erkenntnisbereich der Natur. Zwei weitere Erkenntnisgebiete werden durch die Beziehung des Subjekts zu sich selbst und zu anderen Subjekten bestimmt. Zunächst kommen die Persönlichkeit und das Problem der Bestimmung der Persönlichkeit als individuelle Persönlichkeit, und dann kommt das Problem der Bestimmung des Willens dieser Persönlichkeit zum Handeln beziehungsweise zum moralischen Handeln. Die Persönlichkeit als Individuum bestimmt den

Bereich der Sittlichkeit und den der zwischenmenschlichen Beziehungen. Die Erscheinungen des künstlerischen Schaffens bestimmen den Gesamtbereich der Kunst. Diese Erscheinungen offenbaren die Natur des menschlichen Subjekts schlechthin, d.h. als individuelles Ich, als Träger der Erlebnisse, Gefühle, Wahrnehmungen, Bewusstseinsinhalte sowie Bewusstseinsvorgänge: Es ist die Objektivierung des Subjektiven durch Ent-Äußerung des Inneren. Letztlich bestimmen die Erscheinungen der Religion, die durch das Verhältnis des Menschen zum Göttlichen gekennzeichnet sind, das vierte und letzte Erkenntnisgebiet.

Wichtig ist die Tatsache, dass alle diese Bereiche *Erkenntnis*bereiche sind; in ihnen kommt also *Wahrheit* zum Ausdruck, und zwar in jedem Bereich eine Teilwahrheit, die der Teilwahrheit der übrigen Bereiche *komplementär* ist. In Natur, Sittlichkeit und in den von ihr bestimmten Bereichen, in der Kunst und in der Religion spiegeln sich die *vier Dimensionen der Wirklichkeit*, deren Einheit die Wirklichkeit selbst ausmacht. *Da Wirklichkeit Wahrheit ist*, drücken diese Dimensionen in ihrer *erkenntnismäßigen* Vereinigung das *Eins-Sein der Welt* und somit *die* Wahrheit aus, denn nur der *breiteste Zusammenhang überhaupt* kann die volle Wahrheit darstellen. Die Philosophie soll den grundsätzlichen, unauflöslichen Zusammenhang jedes Einzelnen und aller Einzelbereiche mit der Totalität der Wirklichkeit aufweisen. Die Philosophie soll die verschiedenen Bereiche des Gegebenen aus ihrer Beziehungslosigkeit herausnehmen und die Verknüpfung der Teilwahrheit, die in ihnen ausgedrückt wird, zu einem Totalsystem der Wahrheit vollziehen.

Die Einteilung des Systems in seine vier Disziplinen ist *notwendig*, denn in jeder von ihnen wird die Erkenntnis einer *Teil*wahrheit ermittelt: die Wahrheit über Natur, Mensch und Gott. Diese Einteilung ist *erschöpfend*, denn *nur* in diesen Bereichen bzw. Disziplinen kann von Erkenntnis überhaupt sinnvoll die Rede sein. Diese Einteilung deckt alles ab, was Wahrheit vermitteln kann. Alle Wahrheiten über Natur, Mensch und Gott sind einer dieser Bereiche bzw. Disziplinen zuzuordnen.

Was die Philosophie betrifft, vollzieht sich die Vereinigung der einzelnen Disziplinen im System. Denn sie, genau wie die Weltbereiche, deren Erkenntnis sie darstellen, sind nicht getrennt, nicht autark, sondern sie werden erst durch die Einheit möglich, die sie umfasst. Diese abgeschlossene Einheit ist die Einheit des Erkenntnissystems als eines Totalsystems der Wahrheit. Diese Einheit des Systems muss so verstanden werden, denn sie ist, im Gegensatz zum Schein, „Abbild" der Wirklichkeit schlechthin.

15. Das Problem der Methode der Philosophie wird durch die Tatsache entschieden, dass Philosophie im eigentlichen Sinn immer systematisch ist. Die Tatsache, dass Philosophie ewige und letzte Wahrheit ergreifen will, schließt von vornherein *jede Art* von Spezialisierung in einer bestimmten Disziplin beziehungsweise in einem bestimmten sogenannten Problembereich der Philosophie aus. Die systematische Natur der Philosophie schließt von vornherein auch jede Anwendung der Methode der Beschreibung aus, denn weder die Einheit noch der Grund der Einheit der Wirklichkeit kann durch eine deskriptive Methode ermittelt werden: Die Anwendung einer solchen Methode setzt vielmehr Einheit und Gesetzmäßigkeit voraus.

Der Versuch, der Philosophie eine eigentümliche Methode zuzuschreiben, ist jedoch abwegig. Denn *letztlich ist es gar nicht die Methode, die der Philosophie eigentümlich ist, sondern die **Fragestellung**. Diese Fragestellung bestimmt, verglichen mit Methoden wie etwa der sogenannten deduktiven oder der sogenannten induktiven Methode, keine andere Methode, sondern sie bestimmt ein *ganz anderes* **Verhalten** zum Gegebenen, eine andere *theoretische* **Einstellung** zu ihm, wie es Husserl ausdrückt. Die *richtige* theoretische Einstellung wird den Philosophen notwendigerweise zu der Erkenntnis des wahren Charakters der Welt als Kosmos führen.

III. Philosophie und Wissenschaft[13]

1. In der bisherigen Erörterung haben wir den Blick allein auf die Philosophie gerichtet. Die Tatsache jedoch, dass nicht nur Philosophie, sondern auch Wissenschaft nach Erkenntnis strebt, macht es notwendig, den Unterschied zwischen den beiden zu bestimmen, um die Bestimmung des Wesens der Philosophie zu präzisieren. (Der Begriff „Wissenschaft" wird hier als Dachbegriff für die bestimmten Einzelwissenschaften verwendet, die einen umgrenzten Gegenstandsbereich bestimmen und erforschen und die Fülle der so gewonnenen Informationen auf bestimmte Grundsätze zurückführen und aus ihnen zu erklären versuchen.)

Dass die Philosophie sich von der Wissenschaft unterscheidet, wird nicht nur von denen behauptet, die die Philosophie als ein Erkenntnissystem bestimmen. Gerade von Seiten der Wissenschaft wird diese Tatsache betont und zum Anlass genommen, sich mit der Philosophie kritisch auseinanderzusetzen. Schon die Bezeichnung „philosophische Erkenntnis" wird als leere Phrase betrachtet, denn die Philosophie besitze nach dieser Auffassung überhaupt keinen Erkenntniswert, die Philosophie sei letztlich nicht mehr als eine verbale Spekulation, sozusagen ein Spiel mit Wörtern. Diese Kritiker betrachten die Philosophie und die sogenannte philosophische Erkenntnis als einen Rest aus der Zeit, als der Mensch – so Bertrand Russell – sich noch nicht „zur Klarheit und Exaktheit wissenschaftlicher Erkenntnis" durchgerungen hatte. „Diejenigen Fragen, die bereits eine endgültige Antwort zulassen, werden in die exakten Wissenschaften eingeordnet,

---

[13] Vgl. dazu: System I, S.

während nur jene, auf die vorerst keine bestimmte Antwort zu geben ist, zurückbleiben, um den Philosophie genannten Rest zu bilden".[14]

Die Philosophie ist also nach dieser Auffassung nichts anderes als die Sammlung der durch die Wissenschaft *noch nicht* geklärten Fragen. Wenn sich die letzten wissenschaftlich geklärten Fragen aus der Philosophie ausgliedern, dann wird das Wort „Philosophie" nur noch ein Name mit historischer Bedeutung sein. Streng genommen bedeutet also „Philosophie" nach dieser Auffassung eine Sammlung von „Problemen", die von den Wissenschaften noch nicht gelöst worden sind. Die Auseinandersetzung mit philosophischen Problemen erscheint auf diesem Hintergrund als Anachronismus und die philosophische „Erkenntnis" ist nichts anderes als bloße Spekulation. Diese Kritik wird nicht auf eine bestimmte philosophische Denkweise oder Richtung bezogen, sondern auf jede mögliche Bemühung, die Welt philosophisch zu erkennen. Aus dem Gesichtspunkt der Wissenschaft – laut dieser Auffassung – können die Leistungen der Philosophie von vornherein nicht als Erkenntnis gelten.

Dieser Art der Auffassung von der Natur der philosophischen Erkenntnis wurde hier so viel Aufmerksamkeit gewidmet, nicht weil sie als besonders ernst zu nehmende Position betrachtet wird. Diese übertriebene Aufmerksamkeit wurde ihr deshalb gewidmet, weil sie, wenn auch nicht immer in dieser Deutlichkeit geäußert, eine sehr verbreitete Meinung zum Ausdruck bringt, die besagt, dass das Problem der Erkenntnis

---

[14] Bertrand Russell, Die Probleme der Philosophie, Erlangen 1926, S. 134

ein immanentes Problem der Wissenschaft sei. „Erkenntnis" wird von vornherein als wissenschaftliche Erkenntnis verstanden. Und das Problem der Erkenntnis als das Problem der Natur des Verhältnisses zwischen Erkennendem und Erkanntem, zwischen Mensch und Welt, wird so verstanden, als ob es zwangsläufig seine Lösung in der Wissenschaft allein finden würde und müsse.

2. Die Falschheit dieser Position, die übrigens ein sehr grobes Missverständnis vom Wesen der Wissenschaft darstellt, liegt auf der Hand. *Sie ignoriert nämlich die Tatsache, dass keine der Einzelwissenschaften das Problem der Erkenntnis als ihr eigenes oder als ein ihr eigentümliches Problem betrachtet.* Die Wissenschaft besitzt gar nicht das Mittel, mit dem sie dieses Problem überhaupt formulieren könnte: Es liegt eindeutig außerhalb der Grenzen der Einzelwissenschaften.

Jede Wissenschaft *setzt auf eine naive Weise* nicht nur die *Möglichkeit der Erkenntnis*, sondern auch das *Objekt der Erkenntnis* als schon *vor* dem Vollzug der Erkenntnis vorhanden voraus. Jede Wissenschaft setzt außerdem *notwendigerweise* voraus, dass die *Einzeltatsachen gesetzmäßig zusammenhängen*. Mit anderen Worten: Jede Wissenschaft setzt die Rationalität des erkennenden Subjekts und die Rationalität des von ihm erkannten Gegenstandes voraus.

Keine Wissenschaft macht die Erkenntnis selbst an ihren zwei Polen (Subjekt-Objekt) zu ihrem Gegenstand. Weder das Wesen der Wirklichkeit und ihre Erkennbarkeit noch das Wesen des Erkenntnisvermögens in seiner Möglichkeit, diese Wirklichkeit zu erkennen, sind Gegenstand von wissenschaftlichen Untersuchungen. Jede Wissenschaft strebt nach Erkenntnis, jede Wissenschaft prüft und nutzt Erkenntnis. *Das*

Wesen der Erkenntnis und die Bedingungen ihrer Möglich-
keit werden aber weder von einer noch in einer Wissenschaft
erörtert. Das Problem der Erkenntnis kann also von vornherein kein immanentes Problem der Wissenschaft sein.

Diese Tatsache führt zu einer anderen: *Wissenschaft operiert*
mit Voraussetzungen, die nur einen **einzigen** *Zug der Er-*
scheinungen der Wirklichkeit treffen. Die Einzelwissenschaften sind durch *Partikularität* gekennzeichnet. Die wissenschaftliche Erkenntnis ist partikulär, d.h., sie ist auf *be-*
stimmte Gegenstände oder auf *bestimmte Wesenszüge von*
Gegenständen gerichtet und stellt somit Sacherkenntnis dar.
Das Gegebene einer Wissenschaft ist aus besonderen Objekten, Beziehungskomplexen und Vorgängen zusammengesetzt, die in der Wirklichkeit aufgefunden und von der Wissenschaft erforscht werden. Genau derselbe Gegenstand als
bestimmter, befragter Gegenstand einer Einzelwissenschaft
kann auch gleichzeitig Gegenstand von anderen Einzelwissenschaften sein: Derselbe Gegenstand wird unter verschiedenen Gesichtspunkten untersucht, d.h. unter dem Gesichtspunkt verschiedener Fragestellungen. Dieser Gegenstand
kann aber natürlich einer einzigen Einzelwissenschaft eigentümlich sein. Auf jeden Fall ist das Merkmal der Sachgebun-
denheit der Wissenschaft wesentlich. Die Einteilung der Wissenschaften erfolgt sachlich nach ihren Gegenständen und
deren Eigenart. Jede besondere Gegenständlichkeit wird irgendwann von einer Einzelwissenschaft bearbeitet und erforscht.

3. Die Partikularität der Wissenschaft folgt aus der Tatsache
der Partikularität des Gegenstandes der Wissenschaft. Diese
Partikularität der Wissenschaft bedeutet die *Fragmentarität*
der wissenschaftlichen Erkenntnis. Die Wissenschaft isoliert

zunächst einen bestimmten Bereich des Gegebenen von dessen gesamtem Bereich, und sie grenzt dann diesen *bestimmten* Bereich des Gegebenen von dem *Gesamtzusammenhang* der Wirklichkeit ab. Natürlich gibt es physikalische Vorgänge in biologischen Gebilden und Erscheinungen; der Physiker, der diese untersucht, ist aber deshalb noch kein Biologe und keiner erwartet von ihm, ein solcher zu sein. Die Physik kümmert sich z.b. nicht um biologische Erscheinungen und die Biologie nicht um physikalische, geologische oder sonstige Erscheinungen. Die fortschreitende Spezialisierung in der Wissenschaft bringt eine Einengung des Blicks im Bereich der Einzelwissenschaften selbst mit sich (z.b. Physik: Kernphysik, Festkörperphysik, Laserphysik usw.).

Hier tritt ein weiterer Grundunterschied zwischen Philosophie und Wissenschaft in Erscheinung: *In der **echten** Philosophie kann keine Einzelforschung betrieben werden.* Eine der Eigentümlichkeiten der Philosophie ist es, dass man von einem echten Philosophen voraussetzt, dass er z.b. nicht nur Logiker, nicht nur Ethiker und nicht nur Erkenntnistheoretiker ist, sondern dass er die ganze Fülle der philosophischen Probleme und die Philosophie in allen ihre Disziplinen umfasst und *deren Zusammenhang* erkennt.

Dagegen wird keiner einem Physiker vorwerfen, dass er, weil er z.b. nur auf dem Gebiet der Kernphysik tätig ist, kein echter Physiker ist. Dem Philosophen aber, der sich „spezialisiert" hat, darf man einen solchen Vorwurf machen, denn er verzichtet dabei auf das *Philosophische* in der Philosophie. Der Nur-Logiker, Nur-Ethiker oder Nur-Erkenntnistheoretiker ähnelt mehr einem Wissenschaftler auf einem speziellen Forschungsgebiet als einem Philosophen. Da der Philosoph von den philosophischen Grundfragen ausgeht, *muss* er das

Ganze der Philosophie erfassen und bearbeiten und kann daher nicht eine der philosophischen Disziplinen bevorzugen und in ihr „Spezialisierung" betreiben.

Die logischen und erkenntnistheoretischen, die ethischen, kunstphilosophischen und religionsphilosophischen Fragen müssen ihm *gleich wichtig und gleich bedeutend* sein. Denn sie alle sind letztendlich nicht gesonderte Fragen und Probleme, sondern sie Ergebnisse der Entwicklung der Grundfragen nach der Natur der Welt als Kosmos. Die Vereinigung dieser Fragen wird durch die Einheit der Wirklichkeit und durch die Einheit des Denkens *erzwungen,* oder anders formuliert: *Diese Einheit wird durch die Einheit der Wahrheit bestimmt und erzwungen.* Dabei darf man die Tatsache nicht vergessen, was einen Menschen dazu drängt und motiviert, sich mit den philosophischen Fragen auseinandersetzen: Ist das nicht *die* Wahrheit über die Welt und über sich selbst?

4. Die Fragestellung, der Gesichtspunkt, die Forschungsweise und das Ziel einer jeden Einzelwissenschaft sind ihr eigentümlich. Jede Einzelwissenschaft hat ihren eigenen (im regulativen Sinn) systematischen Gesichtspunkt, der nur ihr eigen ist und der in keiner anderen Wissenschaft gilt und gelten kann. Die Wissenschaft sieht von vornherein *ganz bewusst* von der Dimension des Gesamtzusammenhangs der Erscheinungen ab, die aber der Philosophie eigentümlich ist. Wenn eine Wissenschaft einen sich bewegenden Körper untersucht, dann tut sie das unter dem Gesichtspunkt der Bewegungsgesetze oder unter dem allgemeinen Gesichtspunkt der Erscheinung der Bewegung. Diese Wissenschaft sieht von all den Aspekten des sich bewegenden Körpers ab, die mit der Bewegung selbst nichts zu tun haben, um sich damit nur auf die relevanten Aspekte zu konzentrieren.

Die Philosophie beschäftigt sich überhaupt nicht mit einzelnen gegebenen Erscheinungen von dieser Art. Sie bezieht sich vielmehr auf die tragende Grundlage der gesamten Erscheinungswelt und versucht, diese Welt als Kosmos zu begreifen. Während die Einzelwissenschaften die Tatsächlichkeit *feststellen*, will die Philosophie die *Gründe* für die *Erkenntnis* dieser Tatsächlichkeit als solche aufzeigen: *Der Gegenstand der Philosophie ist der Grund aller Gegenständlichkeit der Erkenntnis der Wirklichkeit*, und Gegenstände interessieren die Philosophie nicht an sich, sondern nur, sofern sie auf diesen Grund bezogen werden und auf ihn hinweisen können.

Die Aufgabe der Wissenschaft besteht also in der Feststellung der Tatsächlichkeit. Um das zu leisten, braucht sie *keinen* Bezug auf die gesetzliche Grundlage *jeder* Tatsächlichkeit zu nehmen. Sie tut es vielmehr dadurch, dass sie Verbindungen und Verhältnisse zwischen Erscheinungen feststellt. Es ist keine bloße Beschreibung von Erscheinungen und ihren Abläufen, sondern die Klärung des „Wie?" der Erscheinungen. Der Gegenstand der Einzelwissenschaft ist das Gegebene der Erfahrung und sie versucht, konstante Verhältnisse zwischen den Erscheinungen eines bestimmten Gebietes festzustellen.

Philosophie steht ganz außerhalb der Einzelwissenschaften, die unter sich alles Gegebene schon aufgeteilt haben. *Das Gegebene der Philosophie ist etwas, das von **keiner** Wissenschaft untersucht werden **kann**.* Es ist aber letztlich gar nicht das Gegebene, das die Philosophie von der Wissenschaft unterscheidet, sondern die *Fragestellung*. Der Unterschied zwischen beiden liegt also nicht einfach im Gegenstand oder in der Methode seiner Untersuchung, sondern er liegt vielmehr im *Unterschied der Probleme selbst*.

5. Der prinzipielle Unterschied zwischen Philosophie und Wissenschaft, der darin besteht, dass die Philosophie ein allumfassendes Erkenntnissystem darstellt, während die Wissenschaft ihrer Natur nach fragmentarisch ist, kann auch anders bestimmt und verdeutlicht werden: Während für die Wissenschaft die Ebene der *Meta*wissenschaft besteht, besteht eine solche Ebene für die Philosophie nicht, denn sie kann gar nicht bestehen. Die *Meta*wissenschaft prüft die Möglichkeit der Wissenschaft, ihre Voraussetzungen und Grenzen. Eine solche Ebene kann in diesem Fall bestehen, denn die wissenschaftlichen Methoden beziehen sich ursprünglich *nur* auf die Erfahrungswelt und *nicht* auf die durch diese Methoden gewonnenen Erkenntnisse.

In der Philosophie besteht diese Unterscheidung nicht: Erkenntnis und Prüfung der Möglichkeit, Gültigkeit und Grenzen der Erkenntnis befinden sich auf ein und derselben Ebene. Das Erstreben und Erringen von Erkenntnis ist kein Merkmal und keine Aufgabe der Philosophie allein. Aber die Erkenntnis als Erkenntnis zu begreifen, die Feststellung der Bedingungen ihrer Möglichkeit, ihrer Natur und Grenzen und die gesetzliche Grundlage aller Einzelerkenntnisse als solche aufzudecken, das ist die ursprüngliche und eigentümliche Aufgabe der Philosophie, die sie zum *allumfassendsten* Erkenntnissystem macht.

Grundsätzlich muss man also feststellen: Die Wissenschaft lässt nichts anderes zu als die Frage „Wie?" Diese Frage hat aber immer nur einen *vorläufigen* Sinn, denn immer steht im Hintergrund die Frage nach dem Wirkungszusammenhang der Wirklichkeit, nach dem Wesen, dem Grund und dem Sinn.

Der Mensch verlangt aber nicht einfach nach Wissen, sondern nach *Wahrheit und Einsicht*, d.h., sein Interesse gilt der

Wirklichkeitserkenntnis und nicht nur der festgestellten Ordnung beobachteter Daten und Abläufe. Wissenschaft begreift und ergreift nicht alle Wahrheit und kann dies auch nicht leisten. *Volle Wahrheit kann nur durch einheitliche und universelle Erkenntnis der Wirklichkeit gewonnen werden,* und genau das ist das Geschäft der Philosophie.

6. Prinzipiell gibt es keine notwendige immanente Affinität zwischen Philosophie und Wissenschaft. Die Wissenschaft ist in dem Moment, wo sie gegründet ist, selbstständig, und zwar ohne Rücksicht auf die geschichtlichen Umstände, die zur Errichtung dieser Wissenschaft geführt haben. Die wissenschaftliche Erkenntnis interessiert die Philosophie, ist aber von ihr gänzlich unabhängig. Die Wissenschaft braucht keine Philosophie, um das zu sein, was sie ist, auch wenn die Wissenschaft als die „Tochter" der Philosophie betrachtet wird, in deren Rahmen sie geschichtlich ursprünglich betrieben wurde.

Die Philosophie gilt als die Mutter aller Wissenschaften. Der Name „Philosophie" deckte bis zum Beginn der neueren Zeit „wissenschaftliche" Untersuchungen ab. Mit der fortschreitenden Präzisierung der eigentümlichen Probleme der Wissenschaft und mit diesen die Entwicklung der Methoden haben sich aus der Philosophie die Teildisziplinen als einzelne Wissenschaften ausgegliedert und sind selbstständig geworden. Einer der Gründe für die Abkoppelung der Einzelwissenschaften von der Philosophie ist die Tatsache der Entfernung von den Grundfragen der Philosophie. Sie haben den Blick immer mehr auf Einzelerscheinungen und auf die Verhältnisse zwischen ihnen aus dem Gesichtspunkt der Frage „Wie?" konzentriert. Die zunehmende Partikularisierung hat sie von der Philosophie und ihren ursprünglichen Aufgaben entfernt, bis sie der Philosophie ganz fremd geworden sind.

Der Status der Philosophie als System wird von vornherein auf einer anderen Ebene bestimmt als der eines jeden einzelnen Wissensgebiets. Denn jedes wissenschaftliche Gebiet wird dadurch charakterisiert, dass es ein *bestimmtes* Gebiet ist, während die Philosophie sich auf die tragende Grundlage des Ganzen der Wirklichkeit bezieht. Jedes wissenschaftliche Gebiet wird durch eine spezifische Art von Erscheinungen bestimmt. Die Philosophie hat zu ihrem Gegenstand die Gesetzlichkeit aller wirklicen Ordnung. Die Philosophie unterscheidet sich von jedem spezifischen Gebiet des Wissens dadurch, dass sie nicht fragmentarisch ist. Die Fragmentarität der Einzelwissenschaften kommt dadurch zum Ausdruck, dass jede von ihnen dazu neigt, sich selbst zu *verabsolutieren*: Der spezifische Inhalt bestimmt das Wesen des spezifischen Gebiets, was zu seiner Verabsolutierung führt. Jede Einzelwissenschaft betrachtet sich, was ihren spezifischen Inhalt betrifft, als *gänzlich unabhängig und selbstständig*.

Das heißt, die Grundlage einer jeden Wissenschaft zwingt sie *nicht* aus ihren eigenen Grenzen hinaus. So benötigt zum Beispiel die Biologie notwendigerweise die Mittel der Chemie und der Physik. Diese Tatsache verwischt jedoch nicht die Eigentümlichkeit der Biologie und der biologischen Forschung als einer eigenständigen Wissenschaft. *Die Philosophie hebt diesen Zug der Absolutheit auf, indem sie zeigt, dass jeder spezifische Inhalt notwendigerweise Ergänzung benötigt, um eben das zu sein, was er ist.*

Diese Selbstverabsolutierung der Einzelwissenschaften bringt die Gefahr mit sich, dass man die über das Fachgebiet hinausgehenden Fragen mit den Methoden, Mitteln oder Begriffen der Einzelwissenschaft zu lösen versucht. Beispiele für diese Tendenz sind einerseits unter anderem der Biologismus, Evolutionismus und Physikalismus, andererseits aber auch die große Spekulationslust vieler Wissenschaftler. Genau das aber enthüllt die Unfähigkeit der Einzelwissenschaften, über ihr begrenztes Gebiet und den durch ihre Methoden bestimmten Horizont hinauszugehen und darüber hinauszusehen. Die Wissenschaften sind partikulär, sonst wären sie nicht *Einzel*wissenschaften. Partikularität bedeutet die Betonung eines besonderen Interesses. Was die Wissenschaft betrifft, bedeutet das, dass die Aussagen einer Wissenschaft nur für einen Teil der erscheinenden Welt gelten. Jedoch kann die Betrachtung der Welt unter einem inhaltsmäßig bestimmten Gesichtspunkt niemals zu einer einheitlichen und universellen Erkenntnis der Wirklichkeit führen, denn Partikularität sieht ihrer Natur nach von dem *Gesamtzusammenhang* ab, was das Erfassen der vollen Wahrheit von vornherein verhindert.

Der Spieß hat sich also umgedreht: Wahre Erkenntnis, – wenn es so etwas überhaupt gibt –, kann nur die Philosophie vermitteln: *Nur sie kann bestimmen, ob Wahrheit überhaupt möglich ist und was als wahr oder nicht wahr gelten kann beziehungsweise gelten muss, denn nur sie hat die tragende Grundlage alles Wirklichen zum Gegenstand, also die gesetzliche Grundlage aller Wahrheit oder Wirklichkeit.*

IV. ÜBER DIE GESCHICHTE DER PHILOSOPHIE, ÜBER DEN FORTSCHRITT IN DER PHILOSOPHIE UND ÜBER DEN „NUTZEN" DER PHILOSOPHIE[15]

1. Rein formal gesehen ist Geschichte der Philosophie die Darstellung der philosophischen Systeme in zeitlicher Abfolge. Somit stellt sie nichts anders als die Gesamtheit der historischen Erscheinungen der Philosophie dar. Diese Erscheinungen sind philosophische Systeme der Vergangenheit und der Gegenwart. Der Ausgangpunkt für eine solche Darstellung ist also immer die gegebene Vielheit der philosophischen Systeme. Das Problem der Geschichte der Philosophie ist die Bestimmung der Art des Verhältnisses zwischen den verschiedenen Philosophien, was die Natur der Geschichte der Philosophie selbst bestimmt und den Maßstab dafür liefert, was überhaupt zur Geschichte der Philosophie gehören soll. Der Schlüssel für die Bestimmung der Natur der Geschichte der Philosophie hängt in erster Linie von der Natur der philosophischen Systeme als solcher und von der Eigenart des Gegenstandes der Philosophie ab.

Wir haben am Anfang dieser Darlegung gesehen, dass Philosophie ursprünglich nach nichts anderem als nach Erkenntnis der wahren Wirklichkeit strebt: Sie vollzieht eine letzte Erhellung der Welt mittels des menschlichen Denkens und ist insofern Weltweisheit. Die Erkenntnis der Wirklichkeit bildet ein einheitliches System, das die Struktur der Welt als ein einheitliches Ganzes im Sinne von Kosmos widerspiegelt. Den Teilen des philosophischen Systems, seinen Disziplinen,

---

[15] Vgl. dazu: System I: S.

entsprechen die Bereiche der Welt: Jede von ihnen drückt Wahrheit aus, die kein anderer Bereich ausdrücken kann. Die Weltteile sind ihrer Natur nach komplementär; was diese Teile zu einem einheitlichen Ganzen verbindet, ist die volle Wahrheit. Die Vereinigung der Systemteile drückt die volle Wahrheit über die Wirklichkeit aus: Nur der deutlich erkannte *breiteste* Zusammenhang ist die volle Wahrheit, und das kann nur ein philosophisches *System* erreichen. Denn nur das System der Philosophie kann alle Probleme der Philosophie in einem einheitlichen Zusammenhang verbinden. Die Lösung dieser Probleme führt zur Erkenntnis der Welt in ihrem weitesten Zusammenhang. Daher ist *Philosophie die einheitliche und universelle Erkenntnis der Wirklichkeit.* Das Ziel der Philosophie, – das, was sie einzig und allein will –, ist *Wahrheit und zwar **die** Wahrheit!*

2. Der Anspruch der verschiedenen Systeme der Philosophie, kraft der Tatsache, dass sie Systeme der Philosophie sind, die letzte Erhellung der Welt zu vollziehen und somit die volle Wahrheit über die Wirklichkeit zu entdecken, macht sie *intolerant* den anderen Philosophien gegenüber, was übrigens auch die Philosophen, die diese Systeme vertreten, intolerant den anderen Philosophen gegenüber macht.

Philosophie als Erkenntnis der vollen Wahrheit über die Wirklichkeit kann nicht anders als *intolerant und a-historisch* sein: Die volle Wahrheit über die Wirklichkeit ist durch *Einheit, Einzigkeit und Vollständigkeit* geprägt, d.h., sie kennt keine Fragmente, die zeitlich hintereinander in Form von Teilphilosophien hinzukommen und eine „einheitliche" Philosophie in ihrer „Summe" darstellen. Die Totalität des Systems lässt nicht nur keine Konkurrenz zu, sondern auch keine Möglichkeit von zeitbedingter Komplementarität. *Die*

Einheit des Systems lässt dafür einfach keine Freiräume. Und wenn die Einheit des Systems nicht gelingt, muss das nicht in der Natur der Sache liegen, sondern könnte in der Schwäche des Denkers liegen.

Der Anspruch der Philosophen, die *gesamte* Ordnung der Wirklichkeit erkenntnismäßig zu erklären, *zwingt* sie zur Bildung eines einheitlichen und abgeschlossenen Systems. Wegen des Totalitätsanspruchs des Systems, können sie keine konkurrierende Erklärungsmöglichkeit anerkennen und akzeptieren. *Es besteht im Prinzip keine Möglichkeit* z. B. zwischen dem, wofür die Namen Parmenides und Heraklit, Platon und Aristoteles, Descartes und Spinoza, Kant und Salomon Maimon stehen, oder zwischen Idealismus und Materialismus, Monismus und Dualismus, zwischen Rationalismus und Empirismus zu „versöhnen" : Die Annahme des einen Systems als *wahr* schließt von vornherein die Möglichkeit aus, dass ein anderes System gleichfalls als wahr anerkannt werden kann. Das gilt natürlich nicht nur für Systeme gegensätzlicher Richtungen, sondern in gleichem Maße für Systeme, die im Zeichen der gleichen Tradition stehen.

Ein offenes System der Philosophie, d.h. ein System, das eine Vielheit von wahren Systemen anerkennt und akzeptiert, etwa als verschiedene Gesichtspunkte, deren Vereinigung einen Gesamtblick ermöglicht, ist ein *Widerspruch im Begriff*. Denn zunächst können philosophische Systeme *niemals* einzelne Gesichtspunkte darstellen. Von Gesichtspunkten kann man nur in Bezug auf *Teil*bereiche der Wirklichkeit reden. So ist es z.b. möglich, Naturerscheinungen einmal physikalisch, einmal ästhetisch und einmal von einem religiösen Gesichtspunkt aus zu betrachten.

Wo es sich aber von vornherein um die gesamte Ordnung der Wirklichkeit, also um die volle Wahrheit über die Wirklichkeit handelt, dort kann *dasselbe* Phänomen nur in einer *einzigen* Weise betrachtet werden, die seinem *wahren* Charakter entspricht. Dieser wahre Charakter der Erscheinung verleiht ihr *Eindeutigkeit*, d.h., er schließt von vornherein die Möglichkeit aus, dass dasselbe Phänomen *verschiedene* Bedeutungen besitzen kann, und schließt daher auch die Möglichkeit aus, dass dieses Phänomen auf verschiedene Weise interpretiert wird. Die **Eindeutigkeit ist Zeichen der Wahrheit!** In Bezug auf das Ganze heißt diese Eindeutigkeit der Wahrheit **Wirklichkeit.**

Diese Tatsache erklärt, warum der Begriff des offenen Systems der Philosophie einen Widerspruch in sich darstellt: System der Philosophie will Wahrheit und Wahrheit wird unter anderem durch *Eindeutigkeit* und *Endgültigkeit* gekennzeichnet. Ein offenes System, weil es per definitionem ergänzungsbedürftig ist, kann seine Erkenntnisse weder als eindeutig noch als endgültig darstellen, denn sein Wahrheitswert hängt nicht zuletzt von den Erkenntnissen der anderen Systeme ab: Weitere Erkenntnisse können die von ihm erlangten Erkenntnisse in ganz neuem Licht erscheinen lassen, ihnen eine ganz neue Bedeutung verleihen.

Von wahrer Erkenntnis, von Wahrheit oder von Erkenntnis der Wirklichkeit kann *nur dort* die Rede sein, wo Erkenntnisse einen eindeutigen, logisch bestimmten Ort in einem Zusammenhang haben, der den *weitesten* Zusammenhang darstellt. Dieser Zusammenhang muss abgeschlossen sein, denn sonst wäre die Eindeutigkeit und Endgültigkeit der Struktur dieses Zusammenhanges nicht möglich, und die Wahrheit der Erkenntnisse wäre verletzt. Abgesehen davon enthält rein formal gesehen der Begriff des offenen Systems einen zweiten

Widerspruch in sich, denn System ist per definitionem ein geordnetes, gleich ob notwendig oder beliebig zusammengesetztes *Ganzes*: Das System als solches wird gerade durch seine Abgeschlossenheit charakterisiert.[16]

3. Ein philosophisches System ist seiner Natur nach ausschließend, d.h., es lehnt jede Möglichkeit ab, andere konkurrierende Systeme als wahr anzuerkennen und zu akzeptieren. Diese Tatsache deutet darauf hin, dass es in der Philosophie, anders als in den Wissenschaften, *keinen Fortschritt geben kann*: Die philosophischen Systeme sind *a-historisch*. Das heißt, die *Zeitfolge ist in der Philosophie vollkommen irrelevant für den Wahrheitsanspruch wie für den Wahrheitswert der Systeme.* Der Wirkungszusammenhang zwischen verschiedenen Systemen mag unter historischem oder unter sachlichem Gesichtspunkt interessant sein. Was aber den *Wahrheitsanspruch* und den *Wahrheitswert* eines jeden Systems betrifft, ist dieser Wirkungszusammenhang **vollkommen irrelevant!**

Wie die Wahrheit selbst, so sind auch die philosophischen Systeme, die diese volle Wahrheit erkennen wollen, a-historisch. Der Status der Systeme der Vergangenheit wird nicht durch ihr Gewicht als Systeme der *Vergangenheit*, sondern durch ihr Gewicht *der Sache nach* bestimmt. Zeitlich kommen die Systeme *nacheinander, sachlich* aber stehen sie *nebeneinander.* Mit anderen Worten: *Sachlich gesehen gibt es*

---

[16] Zum Begriff des offenen System vgl.: Heinrich Rickert, System der Philosophie, Tübingen 1921, I S. 348 – 355. Zu der notwendigen Abgeschlossenheit des System der Philosophie vgl. Teil I, Kap.1

in der Philosophie keinen Fortschritt. Ausdruck dafür ist die Tatsache, dass sich *jedes* System grundsätzlich mit denselben Grundfragen und mit den aus ihnen abgeleiteten Problemkomplexen auseinandersetzen *muss*, um überhaupt als System der Philosophie gelten zu können. Der *historische* Ausdruck für diese Tatsache ist die Erscheinung des Auf-der-Stelle-Tretens der Philosophie.

Wenn es Fortschritt in der Philosophie gäbe, müssten wir den *Maßstab* für die Bestimmung dieses Fortschrittes besitzen. *Der **einzige** Maßstab* dafür kann nur der *Wahrheitswert* des philosophischen Systems sein. Um aber diesen Maßstab erkennen zu können, *müssten wir ein neues philosophisches System errichten,* das die *volle Wahrheit* über die Welt zum Ausdruck brächte, was uns in die Lage versetzen würde, zu entscheiden, *was als Fortschreiten in Richtung dieser Wahrheit überhaupt gelten soll. Damit wird aber dieses System, genau wie jedes andere philosophische System, **bereits** das System darstellen, dessen Möglichkeit es prüfen sollte.*

Man könnte behaupten, dass die eigentümliche und ursprüngliche Aufgabe der Philosophie, die einheitliche und universelle Erkenntnis der Wirklichkeit zu erlangen, prinzipiell unerfüllbar ist: Man besitzt keinen absoluten Maßstab, der es uns ermöglichte, diese Aufgabe zu erfüllen. Aus praktischen Gründen kann man behaupten, dass alle Systeme eine gewisse gültige Erkenntnis der Wahrheit enthalten, die aber nur unvollkommen erreicht und mit falschen Ansichten vermischt sind.

Eine solche Behauptung scheint Ausdruck einer kritischen philosophischen Haltung zu sein. Sie widerspricht jedoch sich selbst. Denn diese Behauptung setzt eigentlich voraus, dass wir *schon* im Besitz der vollen Wahrheit über die Wirklichkeit sind. Wie anders will man wissen, inwiefern das

Wahre tatsächlich wahr und das Falsche tatsächlich falsch ist? Inwiefern kann das, was als wahre beziehungsweise als falsche Erkenntnis bestimmt wird, als endgültig und eindeutig gelten?

Auch die Leugnung jeder Möglichkeit der Erkenntnis der Wirklichkeit ändert an dieser Tatsache nichts. Denn um das zu behaupten, müsste man beweisen können, dass man über die Wirklichkeit nichts Gewisses aussagen kann, was ein Widerspruch ist. Wenn man behaupten will, dass die Wirklichkeit *prinzipiell* unerkennbar ist, d.h., dass sich keine allgemeingültigen und notwendigen Urteile über die Wirklichkeit fällen lassen, muss man voraussetzen, dass man die *wahre* Natur der Wirklichkeit schon erkannt hat: Wie sonst will man wissen, dass die Wirklichkeit *prinzipiell* unerkennbar ist?

In diesem Zusammenhang kommt es jedoch nicht darauf an, diese Problematik zu erörtern und zu entscheiden. Wichtig in diesem Zusammenhang ist es einzusehen, dass *die einheitliche und universelle Erkenntnis der Wirklichkeit als die Erkenntnis der Wahrheit nicht additiv ist und nicht additiv sein kann*: Es gibt keine universelle Methode der Philosophie, welche die Vereinheitlichung der philosophischen Systeme gewährleisten könnte, so dass sie als Erkenntnisse der Wahrheit additiv vereinigt werden könnten. Die Systeme – und zwar jedes System – stellen eine *Totalität* dar, genau wie die Wirklichkeit beziehungsweise die Wahrheit es tun, deren Erkenntnis diese Systeme darstellen wollen. Diese Totalität der Systeme macht sie, was ihren *Wahrheitswert* betrifft, vollkommen unabhängig voneinander. Das macht Fortschritt in der Philosophie, im Gegensatz z. B. zu den Naturwissenschaften unmöglich.

4. Die Tatsache, dass die Wirklichkeit und ihre Struktur unveränderlich sind, bedeutet, dass es nicht notwendig ist, auf Versuche der Vergangenheit Bezug zu nehmen, diese Wirklichkeit und diese Struktur philosophisch zu deuten und zu erkennen: *Die Erkenntnis der Welt als Kosmos benötigt nicht das Wissen über die Geschichte der Versuche, das Gleiche zu tun.* Ein Philosoph braucht nicht die Vermittlung der Geschichte der Philosophie, um zur Wirklichkeit und ihrer Erkenntnis zu gelangen. Das Studium der Geschichte der Philosophie kann ohne Zweifel viel zur Entwicklung des Philosophen beitragen, für den Entwurf einer neuen Philosophie ist es aber nicht zwingend notwendig. Da die Wirklichkeit und ihre Struktur unveränderlich sind und angesichts des Totalitätsanspruchs des philosophischen Systems, ist der Zeitpunkt des Erkenntnisversuchs vollkommen irrelevant für den *Wahrheitswert* dieser Erkenntnis.

So trennt sich in der Betrachtung der Geschichte der Philosophie das geschichtliche Interesse ganz von dem philosophischen Interesse: Im ersten Fall wird die Geschichte der Philosophie zum Rahmen der Materialsammlung und Schilderung (Geschichte der Philosophen und ihrer Lebensverhältnisse, die Schilderung von Philosophien, Meinungen und Schulen – das alles in Bezug auf Quellen und ihr Verständnis). Im zweiten Fall wird die Geschichte der Philosophie zum Gegenstand der Beurteilung von philosophischen Systemen dem *Wahrheitswert* nach.

Das *Studium* der Philosophie fordert die Verbindung des systematischen und des geschichtlichen Interesses. Das *Philosophieren*, wo es um Anspruch auf Erkenntnis der Wahrheit geht, verlangt diese Verbindung *nicht*. „Gewiss bedürfen wir auch der Geschichte. Nicht in der Weise der Historiker freilich, uns in die Entwicklungszusammenhänge zu verlieren, in welchen die großen Philosophen erwachsen sind, sondern um sie selbst, nach ihrem eigenen Geistesgehalt auf uns anregend wirken zu lassen. In der Tat aus diesen historischen Philosophien strömt uns, wenn wir uns in sie hineinzuschauen, in die Seele ihrer Worte und Theorien zu dringen verstehen, *philosophisches Leben* entgegen, mit dem ganzen Reichtum und der Kraft lebendiger Motivation. *Aber zu Philosophen werden wir nicht durch Philosophien"*.[17]

Zu Philosophen werden wir durch *Philosophieren*, d.h. durch die persönliche systematische Erörterung aller Grundfragen der Philosophie und der von ihnen abgeleiteten Problemkomplexe in ihrem breitesten Zusammenhang: Es ist eine Tätigkeit, die durch das Streben nach der vollen Wahrheit über die Wirklichkeit bestimmt und geprägt ist.

Wer Philosoph*ien* kennenlernen will, der soll sich an die Geschichte der Philosophie wenden. Wer aber philosoph*ieren* will, der muss sich *nicht* an sie wenden. Die Klärung der philosophischen Probleme führt *nicht* zwangsläufig zu Systemen der Vergangenheit hin. Wer philosoph*ieren* will muss sich *selbst* mit den philosophischen Probleme auseinandersetzen, genau wie es die Philosophen der Vergangenheit getan haben.

5. Eines muss hier jedoch betont werden: *Die Entwicklung eines neuen philosophischen Systems bedeutet nicht und hat auch niemals bedeutet, dass die ganze bisherige Philosophie*

---

[17] Edmund Husserl, Philosophie als strenge Wissenschaft, Frankfurt am Main 1965, S. 70f.; von mir hervorgehoben

als ungeschrieben, als nicht vorhanden betrachtet wird oder betrachtet werden darf!

Die Errichtung eines neuen Systems bedeutet, dass die neue Philosophie sich wieder auf alle Grundfragen der Philosophie besinnt, von ihnen aus die philosophische Problemstellung systematisch bestimmt und entwickelt und den Zusammenhang zwischen den Grundfragen deutlich macht, was sie damit in den Stand setzt zu zeigen, welche die wahre Wirklichkeit ist.

Philosophische Systeme können, um das bisher Gesagte zusammenzufassen, weder „überholt" noch „fortschrittlicher" als andere Systeme sein. Die Tatsache, dass Platon und Aristoteles zweitausend Jahre nach ihrer Zeit von der Auseinandersetzung mit den Grundfragen der Philosophie nichts wussten, macht ihre Systeme noch lange nicht zu „überholten". Und auch umgekehrt: Die Tatsache, dass z.B. den Philosophien von Descartes bis Wittgenstein zweitausend Jahre solcher Auseinandersetzung vorangegangen sind, macht sie deshalb noch nicht „fortschrittlicher".

Alle philosophischen Systeme sind vom historischen Gesichtspunkt aus betrachtet *gleichberechtigt und gleichwertig* und das trotz der Tatsache, dass jedes dieser Systeme sachlich *nur* aus einem *systematischen* Gesichtspunkt dem Wahrheitsgehalt nach beurteilt werden kann. Der einzige Maßstab für die Beurteilung eines Systems kann nur die volle Wahrheit sein. Von dieser kann aber nur im Rahmen eines philosophischen Systems die Rede sein: Nur dieses kann auf die universelle gesetzliche Grundlage hinweisen, die die Welt als geordnetes Ganzes und somit Wahrheit überhaupt möglich macht.

Die Auseinandersetzung eines jeden Philosophen mit den philosophischen Problemen und mit seinen Vorgängern besteht in der Errichtung eines neuen, eigenen Systems. Diese Auseinandersetzung mit den philosophischen Systemen der Vergangenheit, aber auch der Gegenwart, geschieht dadurch, dass der Philosoph zeigt, welche die wahre Wirklichkeit ist, jedoch *niemals* dadurch, dass er zeigt, warum alle anderen Systeme es nicht zeigen können: Eine solche Prozedur hätte Philosophieren und Philosophie unmöglich gemacht. Jedenfalls *ist die einzige Möglichkeit, sinnvoll von Fortschritt in der Philosophie zu sprechen, besteht in der Errichtung von immer neuen alternativen philosophischen Systemen.*

6. Bis zu diesem Punkt waren die Überlegungen darauf ausgerichtet, das Wesen der Philosophie zu bestimmen. Wir haben gesehen, dass Philosophie der geschichtlich geprägte Name für das allumfassende Erkenntnissystem ist, das uns eine einheitliche und universelle Erkenntnis der Wirklichkeit geben will: Daher wird sie Weltweisheit genannt. Diese Natur der Philosophie und die Natur ihrer eigentümlichen Aufgaben lassen sie jedoch als erfolglos und Wirklichkeitsfremd erscheinen. Dies erweckt oft die Frage nach dem „Nutzen" der Philosophie und nach ihrer „Relevanz".

Die Philosophie wird in der Regel höflich als etwas respektiert, was einen besonderen kulturellen Wert darstellt. In Wirklichkeit erfährt sie jedoch oft das Gegenteil davon. Die verbreitete Meinung ist, dass die Philosophie nichts von konkreter Bedeutung zu sagen habe. Sie habe auch keine praktische Bedeutung: Sie sei durch zweieinhalbtausend Jahre der Geschichte der Philosophie nicht „vorangekommen". Sie beschäftige sich heute noch mit denselben Problemen wie zur

Zeit Platons. Daraus schließt man, dass die Philosophie eigentlich überflüssig und nutzlos sei. Für diejenigen, die der Philosophie solche Vorwürfe machen, beginnt das Verständnis erst dann, wenn sich praktische Konsequenzen aus solchen Problemen und ihren Lösungen ergeben, denn dann sieht man, „was dabei herauskommt".

Dieser Tatbestand ist nicht nur für unsere Zeit, das Zeitalter der Wohlstandsgesellschaft mit seinem eigentümlichen „Materialismus" und „Konsumkult" charakteristisch. Dieser Tatbestand hat im Allgemeinen wenig mit dem Problem des Verhältnisses zwischen „Geist" und „Materie" zu tun.

Philosophie und Philosophen wurden schon in der Antike verspottet. Als Beispiel dafür kann eine Geschichte dienen, die Platon in seinem Dialog „Theätet" aufbewahrt und von Heidegger zitiert und kommentiert wird: „So erzählt man sich von Thales, er sei während er sich mit dem Himmelgewölbe beschäftigte und nach oben blickte, in einen Brunnen gefallen. Darüber habe ihn eine witzige und hübsche thrakische Dienstmagd ausgelacht und gesagt, er wolle damit aller Leidenschaft die Dinge am Himmel zu wissen bekommen, während ihm doch schon das, was ihm vor der Nase und den Füßen läge, verborgen bleibe." Platon fügt gleich an: „Derselbe Spott aber passt auf alle diejenige, die sich mit der Philosophie einlassen."[18]

---

[18] Vgl.: Martin Heidegger: Die Frage nach dem Ding, Tübingen 1975, S. 2

17Ebd. S. 9

18 Heinrich Heine, Zur Geschichte der Religion und Philosophie in Deutschland, Berlin 1834/35, S. 79

[19] Ebd. S. 80

Philosophie hat also schon seit ihren Anfänge den Ruf einer Denktätigkeit, die gemäß ihrem Wesen zu nichts taugt und „womit man nichts anfangen kann und worüber die Dienstmägde notwendig lachen." [19]

7. Wie wir alle wissen, war Platons Verhältnis zur irdischen Wirklichkeit keineswegs „platonisch", wie man nach seiner Anmerkung zu dieser Geschichte über Thales oder wie man nach einer verbreiteten Auffassung seiner Philosophie vielleicht vermuten könnte. Im Allgemeinen ist der Einfluss der Philosophie auf die Gestaltung der Wirklichkeit, auf die besondere Formung der Kultur und vor allem auf die Bildung von Weltanschauungen so groß und wirkt so einprägend, dass es schon besonders töricht wäre, diesen Einfluss in Zweifel zu ziehen.

„Der Gedanke", sagt Heinrich Heine, „... ist eine ... Seele, und er lässt keine Ruhe, bis wir ihm seinen Leib gegeben, bis wir ihn zur sinnlichen Erscheinung gefördert haben. Der Gedanke will That, das Wort will Fleisch werden. ... *Die Welt ist die Signatur des Wortes*"[20]. „*Diese merkt Euch, Ihr stolzen Männer der That. Ihr seyd nichts als unbewußte Handlanger der Gedankenmänner, die oft in demütigster Stille Euch all Euer Thun aufs Bestimmte vorgezeichnet haben*".[21]

Die große Bedeutung der Philosophie besteht nicht darin, dass sie Anweisungen formuliert, wie man die Alltagprobleme bewältigen soll. Die Philosophie ist weder „Ratgeberin" noch „Dienerin" des Menschen, sie wird nicht „für" den Menschen gemacht. *Die Bedeutung der Philosophie besteht darin, dass sie nach streng objektiver Erkenntnis des Weltzusammenhangs strebt.* Die Stärke und die Macht der Philosophie liegen darin, dass sie objektiv sagt, was *wahr* ist. *In der* **persönlichen Gestalt dieser Wahrheit** *besteht auch die* **persönliche** *Bedeutung der Philosophie.*

Dieser „Irrealismus" der Philosophie erweist sich langfristig als *der treffendere Realismus.* „Zur Ehre der richtigen Philosophie musste ich nun sagen", sagt Platon im siebten Brief, „dass nur von ihrer Warte aus ein Überblick darüber gewonnen werden kann, was für Staaten und Einzelmenschen das Richtige ist".[22]

Diese Tatsachenfeststellung ist jedoch *nicht nur an die „Männer der That", sondern auch an die Philosophen selbst gerichtet.* Sie soll *die Philosophen selbst veranlassen, ihr Verantwortungsbewusstsein zu stärken und zu vertiefen*: Sie dürfen *niemals* vergessen, dass in der Wirklichkeit, deren Gestaltung sie beeinflussen oder sogar bestimmen wollen, Menschen aus Fleisch und Blut leben, die *niemals* als „Stoff" zur Verwirklichung von erhabenen oder sogar der erhabensten Ideen und zur Errichtung des Paradieses auf Erde angesehen werden dürfen.

---

[22]Platon, Der siebente Brief, Stuttgart 1980, S. 6-8 (326)

Die Philosophen sind *verpflichtet*, das, was sie für wahr halten, *kundzutun. Sie dürfen aber nicht versuchen, diese Wahrheit zu erzwingen!* Denn erstens besteht der Wert der Wahrheit für den Menschen gerade darin, dass sie von Menschen als Wahrheit *erkannt und anerkannt* wird. Zweitens: Wahrheit *von außen* zu erzwingen, d.h., etwas zu erzwingen, das als Wahrheit nicht erkannt wird und daher auch als Wahrheit nicht akzeptiert werden kann, bedeutet, dass Menschen wie „Material" zur Verwirklichung dieser Wahrheit behandelt werden, was, wie wir später sehen werden, *absolut illegitim* ist.

Philosophen sind keine Götter und haben keine absoluten Gebote zu verkünden – auch nicht im Namen der Wahrheit! Die Erkenntnis der Welt verbessert den Erkennenden, trägt jedoch in sich nicht das Pflichtgebot, diese Erkenntnis anderen aufzuzwingen, was ein Widerspruch wäre. Die „Männer der That" müssen ihrerseits begreifen, dass die Philosophie als nutzloses, wenn auch unschädliches Spiel zu betrachten, nicht nur töricht, sondern auch in höchstem Maße unverantwortlich ist.

8. Diese Art von „Relevanz" der Philosophie spricht jedoch kaum zum Herzen der „Männer der That". Sie ist nämlich nicht „konkret" genug. Sie meinen mit „Relevanz" die Frage „Wozu ist Philosophie eigentlich gut?" oder die Frage „Was ist der Nutzen der Philosophie und welchen Wert hat sie für die Allgemeinheit?". Die Philosophie wird sich also als „nützlich" erweisen, wenn auch andere Menschen außer denjenigen, die sich mit ihr beschäftigen, von ihr etwas „profitieren" können. Wem und was nützt also die Philosophie?

Tatsache ist, dass die Dinge, die das Leben wert – und bedeutungsvoll machen, niemals „nützlich" im obengenannten Sinne sind. Sie benötigen immer mehr Zeit beziehungsweise freie Zeit und sind für „Männer der That" nichts als Zeitverschwendung. Diese Dinge sind aber solche, die dem Leben Bedeutung und Sinn verleihen, sie sind die Dinge, die dem Menschen ermöglichen, sich selbst, andere und die Wirklichkeit, in der er lebt, besser zu verstehen und so sein Leben dementsprechend zu gestalten: So wird der Mensch zum Schmid des *eigenen wahren* Glücks.

Mit anderen Worten: Dies sind die Sachen, die ihm ermöglichen, die Wahrheit über sich selbst und über die Wirklichkeit zu erkennen, und dementsprechend zu leben. Unter anderem tragen Kunst, Literatur und Musik dazu bei, in erster Linie und vor allem aber ist es die *Philosophie*, denn *nur sie* kann uns die volle Wahrheit über uns selbst und über die Wirklichkeit vermitteln.

Wahrheit zu erblicken, meint Spinoza, *ist die Würde des Menschen; denn durch sie allein werden wir in jeder Beziehung frei. Dies zu ermöglichen, darin besteht die Aufgabe und der Wert der Philosophie wie auch die Bedeutung der Beschäftigung mit Philosophie!*

V. Zur Klärung des Bestehens verschiedener philosophischer Systeme[23]

1. Wie aus den bisherigen Ausführungen hervorgeht, ist die Grundsituation des Menschen in der Welt die, die durch die Spaltung zwischen ihm und der Welt (Ich-Welt-Spaltung), oder allgemeiner ausgedrückt, zwischen Subjekt und Objekt (Objekt-Subjekt-Spaltung) zum konkreten Ausdruck kommt. Diese grundsätzliche Spaltung ist der Beweggrund zum Philosophieren. Kennzeichnend für das Philosophieren ist die Tatsache, dass es unweigerlich zur **erkenntnis**-mäßigen **systematischen** Bestimmung der begrifflichen Grundstruktur der Wirklichkeit im Ganzen führt, in der das persönliche Dasein des Philosophierenden begründet ist. Dieser Prozess der systematischen Bestimmung ist ein konkreter lebendiger persönlicher Vorgang, in dem das Wesen des Philosophierens besteht.

Was bestimmt die Richtung des Philosophierens auf dem Weg zur Überwindung der ursprünglichen menschlichen Grundsituation?

Betrachten wir die Beispiele in Jaspers' Beschreibung. In ihnen ist eine Grundtatsache erkennbar: Es gibt unterschiedliche persönliche Umstände, in denen eine deutliche Spannung spürbar ist, die zwischen dem wahrnehmenden Menschen und zwischen dem, was er wahrnimmt, besteht.

Jaspers unterscheidet zwischen Ursprung und Anfang der Philosophie: „Der **Anfang**", sagt Jaspers, „**ist historisch** und bringt für die Nachfolgenden eine wachsende Menge von Voraussetzungen durch die nun schon geleistete Denkarbeit.

---

[23] Vgl. dazu: Kap. II, § 9

Ursprung ist aber jederzeit die Quelle, aus der der **Antrieb zum Philosophieren** kommt. **Durch ihn erst wird die je gegenwärtige Philosophie wesentlich, die frühere Philosophie verstanden**".[24]

Er konkretisiert diesen Tatbestend mit drei Beispielen[25]. Staunen, Zweifel und die Erschütterung des Menschen als Grenzsituation.

Worin besteht nun der Zusammenhang zwischen Staunen und dem Antrieb zum Philosophieren? Verspüren wir immer, wenn wir staunen, diesen Antrieb? Nicht zufällig ist es der „Anblick der Sterne, der Sonne und des Himmelsgewölbes". Erinnern wir uns an die Inschrift auf Kants Grabstein, einen Satz aus dem Beschluss der „Kritik der praktischen Vernunft": „Zwei Dinge erfüllen das Gemüt mit immer neuer und zunehmender Bewunderung und Ehrfurcht, je öfter und anhaltender sich das Nachdenken damit beschäftigt: **Der bestirnte Himmel über mir und das moralische Gesetz in mir.**"[26]

Dass der „bestirnte Himmel" Wirkung auf die Erde hat, das war natürlich schon längst bekannt. Denke man nur an Sonne und Mond, an Licht, Wärme und Gezeiten und ihre Bedeutung für das Leben auf Erden, besonders aber für das Leben

---

[24] Jaspers ebd; von mir hervorgehoben

[25] In meiner Deutung der Beispiele weiche ich eventuell von Jaspers' Deutung ab

[26] Immanuel Kant, Kritik der praktischen Vernunft, hrsg. von Wilhelm Weischedel, Frankfurt a. Main 1974, Beschluss, S. 300 (Akademieausgabe A289,290)

der Menschen. Dieser bestirnte Himmel ist aber mehr als das: Nicht bloß gestreute Lichter am Firmament, sondern eine gewaltige Ordnung scheint dort zu walten. Und die Sternkonstellationen, haben sie Bedeutung für uns, ja ganz persönlich (Astrologie)? Gibt es eine „Gesamt-Ordnung", die die Einheit von Himmel und Erde bestimmt? Und welche Rolle kann eine solche Ordnung in unserem Leben spielen?

Hier geht es nicht um Erforschung des Himmels; hier geht es um die Frage nach der Stellung des Menschen in der Welt und darum, ob der Mensch nun sein Leben gemäß dieser umfassenden Ordnung führen solle? Sind wir wirklich frei, unser Leben zu entwerfen – persönlich und gemeinschaftlich? Hier liegt die Quelle des Antriebs zum Philosophieren: Es ist dem staunenden Menschen **existentiell wichtig**, diese zwei zu entdeckenden Ordnungen – Welt und Mensch – zu verstehen und in einer einheitlichen Ordnung zu gründen, die uns eine individuelle sichere Orientierung in ihr ermöglicht. Darin, und nur darin, macht es Sinn von persönlicher Identität, von Lebensinn und Lebensglück zu reden.

2. Wenden wir uns der zweiten Art des Ursprungs zu: dem Zweifel. Das Bestehen von Zweifel weist auf ein Problem auf, das zwar alltäglich ist, aber je nach Umstand eine bedrohliche Dimension erlangen kann; seine Klärung bekommt dann existentielle Bedeutung.

Das Phänomen des Zweifelns bringt die Tatsache zum Ausdruck, dass Bedenken, Unsicherheit und Unklarheit bezüglich der Wahrheit bzw. der Richtigkeit und Gültigkeit von einigen Sachverhalten bestehen. Diese Sachverhalte sind unterschiedlich und die Bedeutung des In-Frage-Stellens der Gültigkeit ihres Bestehens ist persönlich geprägt. Es sind

Wahrnehmungen, Eindrücke, Ergebnisse und Leistungen unserer unterschiedlichen Tätigkeiten, es sind Beziehungen und Status, die gegebenenfalls in ihrer Gültigkeit angezweifelt werden können. Zweifel in solchen und in ähnlichen Fällen kann uns in eine existentielle Krise stürzen. Eventuell entsteht dabei das, was Jaspers ‚Grenzsituation' nennt.

Es gibt jedoch eine andere Art des Zweifels: Der sogenannte radikale oder methodische Zweifel, der mit dem Namen des Philosophen Rene Descartes assoziiert wird. Hier geht es nicht um eine reale Zweifelsituation, sondern um eine fiktive. Es handelt sich um eine Art Gedankenexperiment, in dem wir jede Art des Gültigkeitsanspruchs außer Geltung setzen, und dies zum Zweck der sicheren Bestimmung der Wahrheit und der Richtigkeit dessen, was uns eben als wahr und richtig erscheint.

Das Problem, das Descartes lösen will, ist das Erkenntnisproblem. Gibt es sichere Bestimmungen, die in ihrer Gültigkeit absolut wahr sind, also solche, deren Geltung nicht in Frage gestellt werden kann? Unsere Erfahrung zeigt, wie wir für Fehler aller Art anfällig sind. Descartes verwendet ein methodisches Mittel in der Gestalt eines Dämons, der uns zwingt, jegliche Erkenntnis und Wahrnehmung bis hin zu mathematischen Überlegungen und Schlussfolgerungen in ihrer Gültigkeit und Richtigkeit anzuzweifeln.

Wo sollen wir nun ansetzen, um eine sichere Bestimmung zu finden, deren Wahrheit absolut, also jedem Zweifel erhaben ist? Von da aus können wir uns Schritt für Schritt auf den Weg der Erkenntnis der Welt begeben. Dieses methodische Verfahren scheint erfolgreich zu sein. Descartes formuliert diese sichere Erkenntnis folgendermaßen: „cogito, ergo sum" – „Ich denke, also bin ich". Von diesem Punkt aus muss nun

Descartes den sicheren Weg zur Erkenntnis der Welt begehen.

Die krisenhafte Situation des Zweifelns ist eine sehr persönliche in ihrem Wesen. Wichtig einzusehen ist die Tatsache, dass in dieser Situation das existentielle Bedürfnis geweckt werden kann, das Problem auf eine gültige Weise zu lösen, was grundsätzlich nichts anderes ist, als das Bedürfnis, die Welt zu erkennen und in ihr die eigene Stellung zu finden, also das Bedürfnis zu philosophieren.

Die dritte Ursprungsart setzt in einer extremen Lebenssituation an, die Jaspers als ‚Grenzsituation' bezeichnet. „Ich muss sterben, ich muss leiden, ich muss kämpfen, ich bin dem Zufall unterworfen, ich verstricke mich unausweichlich in Schuld. Diese Grundsituation unseres Daseins nennen wir *Grenzsituation*. Das heißt, es sind Situationen, über die wir nicht hinaus können, die wir nicht ändern können. Das Bewusstwerden dieser Grenzsituationen ist nach dem Staunen und dem Zweifel der tiefere Ursprung der Philosophie." [27] Hinzugefügt werden können auch positive Grenzsituationen, in denen der Mensch sich persönlich bewähren muss, wie etwa in den Fällen von Liebe und Freundschaft.

Es handelt sich um Situationen, in denen der Mensch brutal auf sich geworfen wird und deshalb auch aus ihnen nicht hinaus kann. Es geht um den Verlust der persönlichen Orientierung in der Welt. Man sieht sich in einer solchen Grenzsituation gezwungen, sich und den eigenen Lebensweg gewissermaßen neu zu bestimmen. Nur so lassen sich die richtigen

---

[27] Jaspers ebd.

Maßstäbe finden, nach denen die neue Orientierung als Erkenntnis der Welt und des eigenen Selbst gemessen wird.[28]

3. Wie oft erwähnt, besteht die Grundsituation des Menschen in der Welt in der Tatsache, dass er als eine bewusstseinsmäßig bestimmte geschlossene Einheit – „Person" –, einer „Welt", auch eine geschlossene Einheit von gewaltigen Dimensionen, gegenübersteht und in ihr seine Stellung finden will, ja in ihr finden muss: Er muss sich selbst verstehen, um das zu sein, was er nach seiner Welterkenntnis und nach seinem Selbst-Verständnis sein soll. Er muss also den umfassenden Rahmen erkennen, in dem „er" nicht einer „Welt" als Fremder gegenübersteht, sondern in dem er sich von Anfang an in einer einheitlichen homogenen Wirklichkeit befindet: **Er hat eine Welt!**

Diese Gegenüberstellung von „Mensch" und „Welt", d.h. so verstanden von zwei nicht wirklich bestehenden geschlossenen Einheiten, lässt sich schematisch in drei Verhältnis-Möglichkeiten der Objekt-Subjekt-Spaltung stellen, wobei jeweils ein anderer Verhältnisfaktor betont wird:

1. Subjekt-**Objekt**; Betonung des objektiven, vom Ich vollkommen unabhängigen Bestehen der Welt;

2. **Subjekt**-Objekt; Betonung des Ichs als absolute, von der Welt vollkommen unabhängig bestehende Entität;

3. **Subjekt-Objekt**; Betonung der Einheit der Wirklichkeit – das Ich hat eine Welt, die Welt ist immer die einer Person.

---

[28] Siehe dazu die Auseinandersetzung mit dem Existentialismus

Was erzwingt in jeder diesen Erkenntnis-Richtungen die Notwendigkeit bzw. die allgemeine Gültigkeit der Bestimmung der gegenseitigen Beziehungen?

Die ersten zwei Beziehungsoptionen haben jeweils klare bewusstseinsmäßig bestimmte Ansätze: Objekt einerseits und Subjekt andererseits. Das Problem dieser Fälle besteht darin, dass man dabei genötigt wird, das eine jeweils mit den Kategorien des anderen zu bestimmen. In Wahrheit besteht also **keine wirklichkeits-bestimmende** Beziehung zwischen beiden. Man kann diese Art der Beziehung als **„Einseitiger-Monismus"** bezeichnen.

Dazu gehören die unterschiedlichen Formen des Materialismus und die unterschiedlichen Formen der stark betonten Existenz des Subjekts und seiner Befindlichkeiten als Ansatzpunkt des gültigen philosophischen Erkenntnisweges.

Nur die dritte Beziehungsoption ist in der Lage, beide Faktoren, Mensch und Welt/Subjekt und Objekt, in ein **streng erkenntnis-mäßig gesetzlich bestimmtes Ganzes** zu verschmelzen, das als **Wirklichkeit erkannt und verstanden** wird. Das können philosophische Systeme des sogenannten „Idealismus" leisten.

Zur näheren Betrachtung eines philosophischen Systems der dritten Kategorie empfehle ich das System des logischen Idealismus.[29] Zur Philosophie der zweiten Kategorie möchte ich das Beispiel der Existenzphilosophie im folgenden Kapitel näher betrachten. Von den Gedankengängen beider Beispiele

---

[29] Das System der Philosophie, Die systematische Grundlage zur Erkenntnis der Wirklichkeit und zur Bestimmung der Stellung des Menschen in ihr, Teile I-III, Frankfurt am Main, 2012ff

lässt sich auch auf die Philosophie der ersten Kategorie schließen.

VI. LOGISCHER IDEALISMUS UND EXISTENZPHILOSOPHIE[30]

1. Eine gründliche Erörterung wird uns zur Verhältnisses zwischen Denken, Wirklichkeit und deren Struktur wie auch der Erkenntnis der Wirklichkeit im Allgemeinen führen. Dabei wird gezeigt, dass sich die erkenntnismäßige Struktur der Wirklichkeit auf ein Gewebe von logischen Beziehungen reduzieren lässt. Alles, was für die *Erkenntnis* der Wirklichkeit relevant ist, lässt sich *ausnahmslos* auf die immanenten logischen Gesetze des reinen Denkens zurückführen: *Das Denken ist die einzig mögliche, ja die einzig denkbare Instanz, die den Erkenntniszusammenhang herstellen und begründen kann.*

Als objektiv und insofern wirklich kann also nur das gelten, was durch das Denken begründet ist, d.h., was von den Gesetzmäßigkeiten des Denkens konstituiert und gesetzt ist. *Die Wahrheit dieser Gesetzmäßigkeiten* beruht weder auf der Empfindung noch auf einer sonstigen Gegebenheit, sondern *auf dem Denken **an und für sich**.* Die *wirkliche Gültigkeit des Denkens* ist von der Erfahrung und deren empirischen Daten unabhängig, weil erst das Denken die letzteren konstituiert und ermöglicht.

Insgesamt geht es in einer solchen Erörterung und Darlegung darum zu zeigen, dass *erstens* die *Welt rational* (intelligibel) ist und daher überhaupt erkennbar; oder noch radikaler - im Sinne von „bis auf die Wurzel gehend" – ausgedrückt: *Die Welt ist rational, und daher können wir uns dieser überhaupt bewusst sein und Subjekte, also Personen darstellen,*

---

[30] Vgl. dazu; System I, S. 263

daher aber auch lässt sich überhaupt eine sinnvolle Aussage über Sachverhalte und Vorgänge machen.

Zweitens geht es dabei darum zu zeigen, dass *die Philosophie ein System der Erkenntnis der Wirklichkeit* darstellt: Der Einheit der Welt entspricht die Einheit eines allumfassenden Erkenntnissystems. Dieses System ist Philosophie bzw. ein philosophisches System, eine umfassende Erkenntnistheorie bzw. Epistemologie.

Aber – und damit sind wir beim Thema – einem System, das sich gänzlich auf das Denken gründet und die Eigentümlichkeit und Selbstgenügsamkeit des Denkens betont, wird *oft vorgeworfen, dass es nichts mehr als leerer Formalismus oder im besten Fall nichts mehr als abstrakter, wirklichkeits- und lebensfremder Rationalismus ist und im Prinzip auch nicht mehr sein kann.*

Mit diesem Vorwurf ist gemeint, dass es in der Wirklichkeit einen Bereich gibt, nämlich *die Sphäre der menschlichen Existenz*, die *den Kategorien des Denkens grundsätzlich unzugänglich ist, d.h., durch diese Kategorien nicht erfasst werden kann.*

Die Erscheinungen dieses Bereiches könnten nur, so lautet der Einwand, aus und durch sich selbst verstanden („gelebt") werden, keinesfalls aber vom Standpunkt einer „nüchternen, distanzierten Betrachtung aus.

Die prinzipielle Auseinandersetzung mit der Existenzphilosophie will die Grundlosigkeit dieses Einwandes zeigen. Die hier gemeinte Auseinandersetzung ist jedoch *keine* zwischen dem logischen Idealismus und zwischen einer bestimmten Existenzphilosophie bzw. zwischen den verschiedenen Existenzphilosophien, sondern zwischen ihm und *der* Existenzphilosophie, *sofern* sich der Begriff „Existenzphilosophie" als

Dachbegriff auf *jede bestimmte* Existenzphilosophie beziehen lässt.

2. Der Zeit nach entstand die Existenzphilosophie im 19. Jahrhundert mit dem Philosophieren Kierkegaards und erreichte ihren Höhepunkt gegen Mitte des 20. Jahrhunderts mit den Philosophien von Heidegger, Jaspers und Sartre.

Die Existenzphilosophien haben eine entscheidende Rolle in der Gestaltung des geistigen Lebens unserer Zeit gespielt, und zwar was das Selbst-Verständnis des Menschen betrifft, aber auch in der Entwicklung des Gedankens der „besseren Gesellschaft", was immer darunter zu verstehen ist. Heute ist die Existenzphilosophie als „Existenzialismus" zu einer „Gesellschaftkritik" degradiert, die in allen Gebieten des Lebens, besonders des Geisteslebens und im konkreten Gesellschaftsleben zu vollziehen ist.

Sachlich gesehen stellen die verschiedenen Existenzphilosophien *keinesfalls* verschiedene Phasen in einer gradlinigen Entwicklung eines Gedankens oder verschiedene Versuche dar, einen gemeinsamen Grundgedanken systematisch zu entwickeln.

Im Gegenteil: Die Existenzphilosophen behaupten und versuchen, direkt oder indirekt, zu zeigen, dass das Entwerfen eines Gesamtsystems der Philosophie, das für sich allgemeine Gültigkeit beansprucht und insofern als Ausdruck einer absoluten, letzten Wahrheit zu betrachten ist, im Grunde ein unmögliches Unterfangen darstellt.

Was die Bezeichnung der verschiedenen Existenzphilosophien durch einen gemeinsamen Namen rechtfertigt, ist nicht ein gemeinsamer Inhalt, sondern ein gemeinsamer *Aus-*

gangspunkt und eine gemeinsame *Einstellung* oder zumindest ein *identischer Aspekte* in ihren verschiedenen Einstellungen.

„[Existenzphilosophie] ist dem Namen nach diejenige Auslegung des Seienden im Ganzen, welche die *menschliche Existenz* zum Anfangsgrund für das Verstehen von *Sein* erhebt. Der *Existierende* nämlich hat vor allem, was bloß vorhanden ist – den Gewächsen der Natur, den ‚Gemächten' der Technik, den Werken der Kunst, den Zahlen und Figuren des Mathematischen – einen *eindringlichen Vorrang*. Es geht ihm in *seinem* Sein um *sein* Sein; denn durch die Weise seines Existierens kann der Mensch sich selbst gewinnen oder – vielleicht auf ewig verlieren."[31]

3. Wenn wir nun versuchen, in allgemeinen Worten die Eigentümlichkeit der Existenzphilosophie zu charakterisieren, so scheint mir die folgende Charakterisierung am treffendsten: „Existenzphilosophie ist der seit Kierkegaard angebahnte Weg ‚subjektiver Denker', der die Erhellung *eigentlichen Existierens* mit einer Erörterung des *unvordenklichen* Seins verbindet. Dieser Denkweg kommt aus der Not eines Zeitalters her, in welchem die Reflexionsphilosophie des spekulativen Idealismus und der Wissenschaftsglaube des Positivismus *das Existieren vergessen* haben. Seitdem bestehen Ernst und Interesse einer unzeitgemäßen Betrachtung darin, im Bedenken der Existenz- und Seinsvergessenheit den Grundfragen nachzugehen: Was ist das Sein des Daseins,

---

[31] Wolfgang Janke, Existenzphilosophie, Berlin 1982, S. 11; von mir hervorgehoben

dem es in seinem Existieren um sein Sein geht? Wie gehören Eigentlichkeit und Entfremdung der Menschenwelt mit der Entfremdung und Verbergung der Wahrheit zusammen? Wie braucht der Mensch das Sein und das Sein den Menschen? *An diesen Klippen strandet ein interesseloses Kategoriensystem, welches das Seiende als Vorhandenes im Ganzen durchgliedert. Die Existenzphilosophie dringt auf Bescheide über Angst und Tod, Existenz und Sein, Gott und Nichts, welche die ‚spezifische', fundamentale Wirklichkeit des Menschen betreffen."*[32]

Dieses „Das-Existieren-Vergessen" der Philosophie oder bestimmter philosophischer Strömungen ist keinesfalls Folge von Nachlässigkeit oder von Unachtsamkeit der Philosophie, sondern soll als direkte Folge der philosophischen Fragestellung verstanden werden.

Im Grunde ist, wenn man den existenzphilosophischen Einwand konsequent denkt, nicht nur der Mensch, sondern es sind auch die Welt und Gott, als philosophische Grundthemen, betroffen: Auch sie, und nicht nur der Mensch, werden missachtet, bleiben unberücksichtigt zu Gunsten eines „Denkgebildes".

4. Dass dieses Problem nicht mit einer bestimmten Philosophie bzw. mit einer bestimmten philosophischen Strömung verbunden ist, und dass dieses Problem ein *permanentes Problem* und nicht bloß ein Problem der Philosophien der Vergangenheit ist, darauf hat Franz Rosenzweig, der nach der

---

[32] Ebd. S. 4; von mir hervorgehoben

„üblichen Zählung" nicht in der Liste der Existenzphilosophen vorkommt, in seinem „Büchlein vom gesunden und kranken Menschenverstand" in einer sehr plastischen und drastischen Weise aufmerksam gemacht.

Ohne nun behaupten zu wollen, dass die Existenzphilosophen Rosenzweigs Worte akzeptieren würden oder akzeptieren müssten, und ohne jede Verpflichtung meinerseits zu Rosenzweigs philosophischer Anschauung und Terminologie, sondern bloß der Wichtigkeit des Themas wegen, möchte ich das erste Kapitel dieses Büchleins unter dem Titel „Der Anfall" in voller Länge wiedergeben. Schließlich behauptet ja der logische Idealismus nicht bloß, dass solche Vorwürfe nicht berechtigt sind, sondern dass sie gar nicht richtig sein können.

„Der Anfall

Der gesunde Menschenverstand steht in Verruf bei den Philosophen. Er soll wohl dazu genügen, ein Viertelpfund Käse einzukaufen, einen Heiratsantrag zu machen, allenfalls sogar festzustellen, ob ein Angeklagter gestohlen hat – aber die Antwort auf die Frage, was der Käse, die Frau, das Verbrechen „eigentlich" sei, diese Antwort dürfte man von ihm nicht erwarten, hier habe der Philosoph einzutreten – „und beweist euch, es müsst' so sein". Dem gesunden Menschenverstand lägen solche Fragen zu hoch. Es seien „höchste" Fragen, „letzte" Fragen. Es sei das gute Recht der Philosophie, dem gemeinen Menschenverstand unverständlich zu sein. Es sei sogar ihre Pflicht. Wozu wäre sie denn da, wenn der gesunde Menschenverstand schon selber die Antwort auf jene Fragen wüsste? Stelle er sie denn überhaupt? Sei es nicht erst die

Philosophie, die staunend stille steht, gerade da, wo der gesunde Menschenverstand gedankenlos vorüberläuft. Und selbst wenn sie sonst nicht vor ihm voraushabe, dies Staunen allein schon gebe ihr den Vorrang, den sie beansprucht. Der gesunde Menschenverstand staune nicht.

Mag sein. Obwohl – woher weiß denn der Philosoph vom Staunen? Woher kommt ihm auch bloß das Wort? Staunt nicht auch die unphilosophische Hälfte der Menschheit? Staunt nicht das Kind, der Wilde? hundertfach, vielleicht öfter als der Philosoph? Aber freilich, das Staunen der andern hört einmal auf; es wird verschlungen von dem Lauf des Lebens, hineingeschlungen in den Fortgang der Tage. Es verschwindet so natürlich, wie es aufgetaucht ist. Das Kind staunt über den Erwachsenen. Aber die Frage, die in diesem Staunen liegt, beantwortet sich von selber, indem eines Tages das Kind selber erwachsen ist. Das Weib erschrickt vor dem Mann, der Mann beugt sich vor dem Weib. Aber ihr Staunen über einander findet seine Lösung und Auflösung in der Liebe, die ihnen geschieht. Nun sind sie sich selber wechselseitig kein Wunder mehr, denn das Wunder umschließt sie beide. Das Lebendige erstarrt vor dem Tod. Aber eines Tages stirbt es selber. Sein Staunen hat sich gelöst. Das Leben selber hat die Lösung gebracht. So staunt der Mensch. Er steht wohl stille – Staunen heißt: Stillstehen. Aber er bleibt nicht stehen. Der Fluß des Lebens nimmt ihn selbst mitsamt seinem Staunen auf den Rücken und trägt ihn weiter. Er braucht nur zu warten, nur weiterzuleben, so wird sich ihm die Starrheit seines Staunens lösen. Anders das Staunen des Philosophen.

Der Philosoph kann es nicht erwarten. Sein Staunen ist kein anderes als das Staunen des gemeinen Menschen. Aber nun lässt ers nicht zu der Lösung der Starrheit kommen, die das

Leben bringen wird. Sie dauert ihm zu lange. Er will die Lösung heute, am Tag, wo ihm die Erstarrung geschehen ist, und will sie hier, am Ort, wo er steht. Er bleibt bei seinem Stillstand stehen. Er schaltet diesen seinen Stillstand, dies Ereignis seines Staunens aus dem weiterfließenden Fluß seines Lebens aus. Er denkt nach. Und da er den natürlichen Löser aller Stauungen, alles Aufgestauten, den Fortfluß des Lebens seitab geleitet hat, da er, statt weiter zu denken – was man nur kann, wenn man weiter lebt – anfängt „nach" zu denken. So bleibt ihm nun nichts anderes übrig als – an der Stelle wo er steht – sich einzubohren in das „Problem", in den aus dem Fluß des Lebens herausgekommenen „Vorwurf" und „Gegenstand" des Denkens. Das staunende Stillstehen verewigt sich ihm in seinem ebenfalls stillstehenden Spiegelbild: dem „Gegenstand". Er hat ihn festgebannt, zum Stehen und Stillehalten gezwungen. Weil er selber sich darauf versteift hat, bei seinem Staunen stehen zu bleiben. So hat er nun auch an der Stelle, wo sonst der Fluß des Lebens flösse, das Standbild des Gegenstands. In ihn also bohrt er sich nun ein. Er fragt: Was ist? Und jede Antwort ist ihm recht, die ihm nur diese Frage stehen läßt. Denn ohne diese Frage, ohne den Stillstand dieser Frage verschwünde ihm sein künstlich aus der fließenden Flut des Lebens herausgehobener Gegenstand. Er fragt: Was ist? Aber nun rächt sich an ihm die Willkür dieser Frage, der Eigensinn des Nichtlebenwollens, weil Nichtwartenkönnens. Er erhält nur eine und immer wieder die gleiche Antwort. Denn da er nicht in die Länge des Lebens fragen mag, weil er sich keine Zeit nimmt, der Antwort zu warten, so muss er an Ort und Stelle fragen, und an Ort und Stelle muss ihm die Antwort kommen. Die Antwort geht nun, da ihr in die Länge zu gehen keine Zeit gelassen wird, in die Tiefe; und aus der Tiefe, aus dem, was unter dem Gegenstand steht, muss ihr die Antwort kommen. Was aber unter dem

Gegenstand steht, ist die Substanz. Nach ihr, nach „Wesen", dem „eigentlichen" Sein des Gegenstands, fragt der Philosoph. Die Antwort auf diese Frage braucht er nicht erst zu erwarten. Sie liegt sofort bereit. Sie ist so unabhängig von der Zeit und ihrem Abfluß, wie der Gegenstand durch seine künstliche Herauslösung und Stillestellung, unabhängig von diesem Fluß geworden ist. Der künstlichen Zeitlosigkeit der „Was-ist"-Frage antwortet die gegenüber solcher Frage nun nicht mehr widernatürliche und doch an sich nur auf dem Grunde jener widernatürlichen Frage mögliche Antwort: „Das Wesen".

Der substantielle Unterstand der vielen Gegenstände kann notgedrungen nur einer sein. Denn eben was unterscheidet die Erlebnisse, wenn nicht ihre Folge im Ablauf des Lebens. Woran anders wird uns zu Gemüte geführt, daß unsre Tat unsre Tat ist, als daran, daß wir sie als Folge unsres vergangenen Lebens und unser künftiges Leben als ihre Folge erfahren. Was unterschiede sonst unsre Tat von derselben Tat, die ein anderer von uns träumte. Nur im Ablauf des Lebens erhält jedes Ding seine eigne Art. Hebt es heraus, steckt es auf den Nadelspieß der entzeitlichenden Frage Was-ist-das, so sinkt es schleunigst durch die Zwischenstufe seines Allgemeinbegriffs hinunter in das eine allgemeinste Grau des Dinges überhaupt. Die Substanz wird eine, die eine. Sie ist das „eigentliche" Wesen der Dinge. Der im stehenbleibenden Staunen herausgerissenen Eigenheit des Gegenstands entspricht die Eigentlichkeit des Wesens. „Was ist eigentlich?", fragt die Frage; das „eigentliche" Wesen, antwortet die Antwort.

„Eigentlich" – so nämlich fragt und so antwortet kein anderer Mensch als der Philosoph. Im Leben gilt diese Frage so wenig, wie dort die Frage vorkommt. Auch der Philosoph wird sie im

Ernstfall nicht stellen. Er wird nicht fragen, was das Viertelpfund Käse „eigentlich" kostet. Er wird seine Erkorene nicht
fragen, ob sie „eigentlich" seine Frau werden möchte. Er wird
nicht bejahen oder verneinen, dass der Angeklagte „eigentlich" gestohlen habe. Nicht „eigentlich", sondern „wirklich"
ist das Wort des Lebens. Aber der Philosoph spricht: eigentlich. Indem er seinem Staunen nachgibt, stehen bleibt, und
das Wirkliche sich weiter ohne ihn auswirken läßt, wird er
zurückgeworfen und beschränkt auf das Eigentliche. Hier,
und nicht erst später, trennen sich seine Wege von den Wegen des gesunden Menschenverstands. Der gesunde Menschenverstand vertraut dem Wirklichen und seinem Wirken.
Der Philosoph zieht sich mißtrauisch vor dem fortwirkenden
Wirklichen in den geschützten Zauberkreis seines Staunens
zurück und versenkt sich in die Tiefe des Eigentlichen. Hier
kann ihn nichts mehr aufstören. Er ist sicher. Was schiert ihn
noch das „Uneigentliche". Und alles Wirkliche ist ja unei-
gentlich. Was schiert ihn, solange er sich im Zauberkreis seines einmal entstandenen Staunens zu halten vermag, noch
das Ereignis. Es mag in dem magischen Kreis sich hineinfü-
gen; mitbestaunt zu werden, so viel allenfalls wird ihm ver-
stattet. Aber daß es den Bann sprenge, die Starrheit des Staunens löse, den aufgestauten Strom wieder zum Fließen
bringe, und die im Unterstand des eigentlich verhockten Le-
bensgeister zum Sturm hin über das Gelände der Wirklichkeit
aufwecke, das wird ihm nicht zugelassen. Und nun wäre das
weiter kein Unglück, wenn es eine bloße Philosophenangele-
genheit wäre. Wie wenig Philosophen gibt es! selbst wenn
man die ganzen Professoren und Privatdozenten des „Fachs"
dazu rechnet. Aber das Vertrackte ist, daß jeder Mensch über
Nacht ins Philosophieren geraten kann. Es gibt keinen Gesunden, der vor der Krankheit gefeit wäre. Und im Augen-

blick, wo sie ihn befällt, im Augenblick, wo der bisher gesunde Menschenverstand meint, philosophieren zu müssen, da gibt es plötzlich keinen größeren „Eigentlich"-Frager als ihn. Da philosophiert er trotz aller sieben Weisen. Da überphilosopht er noch den Philosophen. Da gibt es keinen, der sich selber weniger vertraut, als er selber. Da ist der gesunde Menschenverstand mit einem Male vom Schlage gerührt."[33]

Die Krankheit, um die es in diesem Büchlein geht, nennt Rosenzweig „Apoplexia philosophica" („Philosophische Lähmung"). Der Philosoph, wenn er die Frage nach dem „Eigentlichen" stellt, leidet dabei unter Störung seiner normalen Funktionen. Diese Krankheit ist nicht nur dem Idealismus eigentümlich; alle „Ismen" sind in der gleichen Weise betroffen, also krank, denn sie nehmen die Wirklichkeit nicht so, wie sie ist, sondern setzen an ihre Stelle irgendeine Abstraktion, ein beliebig bestimmtes „Wesen", wie etwa „Idee" oder „Materie".

Diese Krankheit tritt dann besonders hervor, wenn der Philosoph „letzte Fragen" zu stellen beginnt, Fragen, die nach Rosenzweig die drei Grundelemente unserer Existenz, nämlich Gott, Mensch und Welt zum Gegenstand haben.

Diese „letzten" Fragen lähmen den gesunden Menschenverstand, denn es geht nach Rosenzweig nicht darum, *was* Gott, Mensch und Welt „eigentlich" sind, sondern es geht eher darum, diese Faktoren einfach zu akzeptieren.

---

[33] Franz Rosenzweig, Das Büchlein vom gesunden und kranken Menschenverstand, Königstein / Ts., 1984, S. 28 – 33

Die Therapie des Philosophen wird daher darin bestehen, ihn dazu zu bringen, Gott, Mensch und Welt so zu sehen, wie sie sind, d.h. frei von irgendwelchen abstrakten, bloß begriffsmäßigen Bestimmungen oder Theorien über Gott, Mensch und Welt. Der Mensch darf natürlich die Wahrheit über sich selbst, über Gott und über die Welt suchen; vielleicht besteht darin überhaupt seine Würde. *Nur, und das ist der Fazit, darf er es nicht auf Kosten der Wahrheit selbst tun.*

5. Tut es nun der logische Idealismus, wenn er *erstens* im Denken den einzig möglichen und den einzig gültigen Ausgangspunkt zur Suche nach der Wahrheit über Gott, Mensch und Welt sieht, wenn er *zweitens* Philosophie nur im Sinne eines geschlossenen Systems als legitim versteht, und wenn er *schließlich* behauptet, alle Probleme der Philosophie seien Erkenntnisprobleme und alle Gebiete der Philosophie seien Erkenntnisgebiete oder mit anderen Worten, wenn er behauptet, Philosophie sei nichts anderes als Epistemologie bzw. umfassende Erkenntnistheorie?

Die Antwort auf diese Frage ist im Grunde in der systematischen Darlegung enthalten.[34] In diesem engen Zusammenhang der grundsätzlichen Auseinandersetzung mit der Existenzphilosophie wird es uns hauptsächlich darum gehen, zu zeigen, dass **die menschliche Existenz oder die Grundtatsachen menschlicher Existenz** erkenntnismäßig **gar nicht ursprünglich sind oder sein können**: *Sie setzt bzw. sie setzen* **notwendigerweise** *einen* **Begriff von Bewusstsein** *und einen* **Begriff von Wahrheit** *voraus, die diese überhaupt ermöglichen, d.h. die ihnen* **ihren Sinn als**

---

[34] Siehe System I

*Grundtatsachen der menschlichen Existenz über-
haupt verleihen.*

Der logische Idealismus betrachtet das Denken, seine Gesetzlichkeit und seine Gültigkeit *erstens* als die *einzige mögliche
Grundlage* für das Verständnis der Welt und des Menschen
und *zweitens* sieht er im Denken die *einzige mögliche Instanz*, die die Entscheidung und Bestimmung legitimieren
kann, was als *wahr* und was als fiktiv und falsch, was als *allgemeingültig und objektiv* und was nicht als solches überhaupt gelten darf und gelten kann und als solches auch tatsächlich bestimmt ist.

Der logische Idealismus sieht im Denken und in seiner Objektivität die Grundlage (*die einzige mögliche*) für die Erkenntnis der Welt und das Verständnis des Menschen, seine
Stellung und seine Situation in der Welt, aber auch für das
Verständnis der Einstellung des Menschen zur Welt und zu
seinen Mitmenschen. Auf der Objektivität dieser gesetzlichen
Grundlage basiert die Erkenntnis der Wirklichkeit, basiert
die Bestimmung dessen, was überhaupt als wirklich gelten
kann und tatsächlich als wirklich gilt: *Die wirkliche Welt gilt
als wirklich, nur insofern sie vom Denken als wirklich legitimiert ist.*

Insofern hat das Denken den **logischen** Vorrang vor all
dem, dessen Wirklichkeit es bestimmt. Schon das einfachste
Bewusstsein des Menschen ist von Objektivität und Allgemeingültigkeit geprägt. Das bedeutet natürlich nicht, dass alles, was einem Menschen bewusst ist, schon deshalb wahr
sein muss; es bedeutet nur, dass es *erstens* ohne Objektivität
und Allgemeingültigkeit überhaupt kein Bewusstsein geben
könnte und dass *zweitens* das Bewusstsein selbst seinen Inhalt als objektiv und allgemeingültig zu bestimmen *neigt.*

Dem gegenüber sieht die Existenzphilosophie in der Existenz des Menschen und der Welt die erste Tatsache bzw. *die* Grundtatsache, von der man ausgehen muss, um die Welt und sich selbst zu verstehen, eine Welt, die dem Menschen nur dadurch gegeben ist, indem *er* als Individuum und Mensch sich auf sie bezieht. Daher gibt es auch keinen Platz für eine Wahrheit, die vom einzelnen bestimmten Menschen unabhängig ist, d.h. für eine Wahrheit, die gewissermaßen für sich und an sich steht.

Das Bewusstsein ist Teil der Existenz des Menschen und die Wahrheit ist Ausdruck dieser Existenz. Das Denken und seine Unabhängigkeit und Autarkie haben keine primäre Bedeutung und sind an sich eigentlich gar nicht wirklich. Das Bewusstsein setzt nicht nur die menschliche Existenz voraus, um selbst zu existieren, sondern es ist ein integraler Teil dieser Existenz. Die Wahrheit ist Produkt bzw. Ausdruck des existenziellen Bewusstseins in seiner Bezogenheit auf die Welt oder auf die menschliche Existenz selbst. Die Einstellung des Menschen zur Welt und seine Reaktion auf diese Welt sind Einstellung und Reaktion des *ganzen* Menschen (nicht bloß eines „denkenden Subjekts") und sie stammen aus seinem *ganzen* Dasein. Diese Bezogenheit des ganzen Menschen auf die Welt ist der Ursprung der Werte, die er hat. Diese Werte drücken eben diese Bezogenheit aus. Insofern ist die menschliche Existenz, das Dasein des *ganzen* Menschen, der einzige Maßstab aller Werte – Wahrheit inbegriffen – und Ideale des Menschen. Was ist aber damit eigentlich gemeint?

Charakteristisch für die Existenzphilosophie ist der Versuch, vom Standpunkt des aktiven, lebendigen Menschen, d.h. des ganzen körperlich-seelisch-geistigen Menschen mit seinen Gefühlen und Ängsten, seinen Sorgen und Nöten zu philosophieren. Philosophie ist nicht bloß eine Sache des Intellekts, d.h. das Produkt eines bloßen Beobachters der Welt oder der Versuch, von einem „objektiven" Standpunkt aus die Welt zu erkennen.

Aus der Sicht der Existenzphilosophie ist der Versuch, die Welt und den Menschen vom objektiven Standpunkt aus des nüchternen Denkens zu verstehen, künstlich, welt- und lebensfremd; und vielleicht noch mehr als dies: Einen solchen Standpunkt gibt es gar nicht.

6. Die Unterscheidung zwischen Subjekt und Objekt als eine fest bestimmte Spaltung, die die intellektuelle Erkenntnis im Bereich der Philosophie überhaupt möglich macht, gilt gar nicht und kann auch gar nicht gelten. Denn obwohl dieses Subjekt der Erkenntnis angeblich der objektiven Wirklichkeit (gedanklich und nicht räumlich) gegenübersteht, ist es dabei, genauso wie die Objekte, selbst Objekt der Erkenntnis. Denn es wird zu einem solchen ausschließlich dadurch, dass es in diesem Fall als Objekt der Erkenntnis zum Subjekt der Erkenntnis bestimmt wird.

Vom Standpunkt der Existenzphilosophie aus bedeutet das, dass *der erkenntnismäßige Begriff des Subjekts inhaltlich zu arm ist, um gerade die Funktion zu erfüllen, die man ihm zuschreibt.* In Wahrheit kann das Subjekt selbst niemals Objekt der Erkenntnis werden. Das, was man erkennen kann, ist *nur* die der Erfahrung zugängliche (empirische) Seite des Subjekts. Die zugrunde liegende Wirklichkeit des Subjekts, die schöpferische lebendige Kraft, die hinter dieser „Außenseite" wirksam ist, kann durch unser Denken nicht erfasst werden.

Diese Kraft wird allein durch das Individuum in Tätigkeit gehalten. Das, was die Existenzphilosophen „Existenz" nennen, ist genau diese subjektive, jedem Mensch zukommende schöpferische Kraft, die nie Objekt werden kann: *Die Existenz ist die Vollzugsweise des menschlichen Daseins.*

Die auf diese Weise verstandene „Existenz" ist einem jeden möglichen Objekt der Erkenntnis gegenüber andersartig. Bei der *Existenz* handelt es sich um die *eigentümlich menschliche Seinsweise*: Der Mensch – und nicht bloß das Subjekt der Erkenntnis – *ist* seine Existenz, d.h., sein Wesen ist seine Existenz oder folgt aus seiner Existenz.

Und wenn man von dem Menschen spricht, so meint man *immer den einzelnen Menschen, wie er in seiner ganzen Fülle empirisch vorkommt. De Mensch lässt sich in allgemeinen Formeln gar nicht erfassen,* d.h., *es gibt keine allgemeine Wesensbestimmung des Menschen.*

Die verschieden Bestimmungen des Wesens des Menschen, wie etwa „zoon logon echon", „homo faber", „homo ludens", „homo laborans" usw. kennzeichnen zwar bestimmte wesentliche Züge des Menschlichen, der *Mensch* aber als *Sosein*, wegen des ständigen Wandels, in dem er sich befindet, ist mit solchen Bestimmungen nicht zu fassen; ihnen fehlt die *Einmaligkeit*, die das menschliche Sosein kennzeichnet.

Die Existenz wird also absolut aktualistisch aufgefasst: Sie ist als Ganzes nicht gegeben, d.h., sie ist nie, sondern sie schafft sich ständig selbst. Die Existenzphilosophie betont die konkrete und gelebte Existenz. In dieser Existenz selbst müssen wir sowohl das Ich wie auch die bzw. seine Wirklichkeit finden. *Das lebendige Ich wird durch den erkenntnistheoretischen Gegensatz zwischen Subjektivität und Objektivität gar nicht berührt,* es sprengt vielmehr die Grenzen dieses erkenntnistheoretischen Gegensatzes.

Die menschliche Existenz ist in der Welt so eingefügt, dass der Mensch sich immer in einer *Situation* befindet, oder, weil seine Existenz die Vollzugsweise seines Daseins ist, *ist **der Mensch selbst seine Situation**. Diese und die besonderen Beziehungen eines jeden Menschen zu seinen Mitmenschen bildet das eigentliche Sein seiner Existenz.*

Diese situative Existenz des Menschen darf man nicht und kann man auch nicht aufheben, etwa um *den* Menschen zu erkennen. Der Mensch befindet sich *notwendigerweise immer* in einer Situation in einer Welt, die er selbst nicht erzeugt hat: Er ist Sohn von bestimmten Eltern, gehört einem bestimmten Volk an, hat eine bestimmte körperliche und seelische Verfassung, er hat bestimmte Begabungen und so weiter, und so fort.

Die Situation ist, wie gesagt, für den Menschen nicht etwas Äußerliches; im Gegenteil: Er *ist* seine Situation. Das wird dadurch betont, dass die konkrete und gelebte Existenz Quelle freier Entschlüsse ist, durch die der Mensch „sich macht", und durch die er insofern seine Situation, also sich selbst ändert bzw. ändern kann.

Diese Freiheit des einzelnen Menschen folgt daraus, dass er kein inhaltlich bestimmtes Wesen hat, das ihn eindeutig und endgültig bestimmt und das in seinem Sosein immer wirksam ist und zwar so, dass dieses Wesen das Situative in der menschlichen Existenz zu einem sekundären Faktor, zu einer unwesentlichen „Begleiterscheinung" degradiert. Das heißt mit anderen Worten: *Genau deshalb, weil der Mensch kein Glied in einem universellen monistischen System ausmacht, ist er im Besitz einer positiven Freiheit in dem Vollzug seines individuellen Daseins.*

7. In der oben genannten Bestimmung haben wir zwei Aspekte, die man auseinanderhalten soll: Der Mensch, weil er kein Glied eines universellen Systems darstellt, wird in eine Welt „hineingeworfen", die ihm fremd ist; die menschliche Situation ist durch das Bewusstsein der Endlichkeit und Zufälligkeit geprägt. Auf der anderen Seite aber ist der Mensch frei, sich selbst durch sein Handeln zu bestimmen.

Diese absurde menschliche Grundsituation, die durch die Zerrissenheit zwischen Zufälligkeit einerseits und Freiheit andererseits, zwischen Ohnmacht und Macht, kommt im Begriff der *Möglichkeit* zum Ausdruck. Dieser Begriff, in seiner existenz-philosophischen Prägung betont einerseits die Grenze und die Begrenztheit der Existenz, andererseits aber die Freiheit und Verantwortung dieser Existenz. Durch diesen Begriff wird die Problematik der menschlichen Existenz in ihrer ganzen Schärfe ausgedrückt. Es ist dieser Problematik wegen, weshalb die Existenzphilosophie in erster Linie aus einer Rückkehr zu den brennenden und bedeutsamen Fragen der menschlichen Existenz besteht.

Die Existenzphilosophie distanziert sich, indem sie sich an der konkreten und gelebten Existenz orientiert, von allen intellektuellen Konstruktionen der Philosophie und von allen metaphysischen Theorien, die die Struktur der Wirklichkeit mittels eines „Spiels mit Begriffen" zu erklären versuchen. *Die logische Einheit der Welt* ist für sie *höchstens eine abstrakte Annahme, die gar nicht verifizierbar* ist.

Die lebendige Wirklichkeit lässt sich jedoch nicht mittels abstrakter Maßstäbe und Begriffe auffassen: *Sie ist dynamisch und unberechenbar.* Das so genannte *konzeptuelle Denken*, das Tausende von Jahren in der Philosophie herrscht, versucht zum Wesen der Wirklichkeit vorzudringen. Es legt das

Gewicht auf Wahrheit und Wirklichkeit und betont die theoretischen Grundsätze, die die Erkenntnis der Wirklichkeit ermöglichen. Die einzelnen Lebewesen, die einzelnen Dinge und Vorgänge interessieren dieses Denken nur insofern, als sie den Gesetzlichkeiten der Wirklichkeit unterworfen und insofern sie Ausdruck der Gesetzmäßigkeiten der Wirklichkeit sind.

Wert haben die einzelnen Lebewesen, die einzelnen Dinge und Vorgänge also nicht an sich, sondern nur als Beispiel der Verwirklichung der allgemein herrschenden Gesetzlichkeit. Als Beispiel dafür kann der kategorische Imperativ Kants dienen: Der einzelne Fall ist immer der Fall eines allgemeinen Gesetzes; d.h., von den handelnden Personen und von den einzelnen persönlichen Beziehungen muss man hier zunächst absehen. Sie sind zufällig und irrelevant. *Aber gerade dieses Zufällige, gerade dieses Irrelevante ist das Wirkliche am Menschen!* Man kann vieles erklären und verstehen mittels allgemein herrschender Gesetze, jedoch ins Wesen des Einzelnen, als dem Wirklichen schlechthin, dringt man damit nicht ein und kann man auch nicht eindringen.

8. Die Existenzphilosophie ist jedoch trotz dieser Kritik nicht gegen Denken oder Verstand überhaupt und plädiert nicht für die „Ausschaltung" des Denkens. Sie wendet sich aber gegen den so genannten Mythos der Allmacht des Denkens, gegen einen absoluten Vernunftglauben, der behauptet, das Denken beherrsche vollkommen die Wirklichkeit. Die Existenzphilosophie ist nicht gegen Denken und Begriffe als solche, sie wendet sich aber gegen den Versuch oder genauer gegen die Versuchung, die Wirklichkeit in ein System von Begriffen zu verwandeln, das die Wirklichkeit als Begriffskonstruktion zu verstehen versucht.

Ein solches Weltbild wäre nach der existenz-philosophischen Überzeugung nicht bloß Ausdruck von extremer Überheblichkeit; es wäre schlicht und einfach falsch: Eine solche Wirklichkeit wäre statisch, während die wahre Wirklichkeit dynamisch ist. Diese wahre Wirklichkeit in ihrer ganzen Fülle lässt sich gar nicht in einen begrifflichen Inhalt verwandeln bzw. durch Begriffe ausdrücken: *Die Wirklichkeit muss gelebt werden!*

Die *wahre Wirklichkeit* befindet sich im ständigen Wandel und in ständiger Entwicklung, *sie ist immer einmalig* und lässt sich nicht in „monistische Zauberformeln" hineinpressen. Sie hat keinen „wahren Kern", kein Wesen, aus dem sich alles ableiten ließe. Das „Hier" und „So" des einzelnen Wirklichen überhaupt und des Menschen im Besonderen sind eine *letzte Tatsache*, die von einem Dritten abzuleiten sind.

Aber nicht nur die äußere Wirklichkeit befindet sich im ständigen Fluss: Auch das Denken selbst nimmt Teil an diesem ständigen Wandel. Das Denken stellt keine objektive, unparteiische und uninteressante Instanz dar. Die objektive Erkenntnis, die angeblich rein sachliche und unparteiische Erkenntnis, eine rein begriffliche Erkenntnis der Wirklichkeit, eine solche Erkenntnis gibt es nicht, und wenn es sie gäbe, dann hätte sie die menschliche Situation außer Acht lassen müssen und hätte somit, wenn überhaupt, einen sehr begrenzten praktischen Wert.

Das Denken stellt zwar einen wesentlichen Bestandteil der menschlichen Existenz dar, *sein Anwendungsbereich ist jedoch sehr begrenzt*. Das Denken hat gar nicht die Kraft, die Wirklichkeit in ihrer Fülle zu begreifen. Es kann zwar bestimmte funktionelle Verhältnisse feststellen und erklären, das Wirkliche im wahrsten Sinne des Wortes lässt es jedoch unberührt.

Aber gerade dort, wo die Ohnmacht des Denkens am deut-
lichsten zum Ausdruck kommt, dort fängt das Wichtigste für
die menschliche Existenz an, deutlich spürbar zu sein.

Die Existenzphilosophie will zeigen, dass die Objektivität eines überpersönlichen Denkens mit der Subjektivität des
menschlichen Bewusstseins nie zu vereinbaren ist. Wir haben
hier zwei Begriffe, die einander von vornherein ausschließen
oder sich gar widersprechen.

9. Die oben genannte Spannung zwischen dem Allgemeinen
und dem Besonderen, sei es im philosophischen oder theoretischen Bereich oder aber im gesellschaftlichen Bereich,
drückt *das* Problem der Existenzphilosophie aus, *nämlich*
das Problem der Situation und der Stellung des konkreten
einzelnen lebenden Menschen in der Welt.

Dieses Problem ist kein Problem, das ursprünglich dem Bereich der Erkenntnis angehört, sondern dem Bereich der Betrachtung der Stellung des Menschen, der ganzen konkreten
und gelebten Existenz in der Welt.

Das Problem der Erkenntnis im engeren Sinne dieses Begriffs
stellt nur einen Teil und auch als solcher nicht den wichtigsten dieses existenziellen Problems dar. *Das zentrale Thema,*
die Hauptsache, ist das Verhältnis des ganzen, konkreten
Menschen zur Welt wie auch seine Stellung in ihr und nicht
die Herstellung einer Theorie der Erkenntnis bzw. der erkenntnismäßigen Betrachtung der Welt und alles Wirklichen.

Und wenn die Existenzphilosophie sich mit der Erkenntnis
und mit Problemen der Erkenntnis befasst, so nicht, weil sie
an sich wichtig sind, sondern um die Begrenztheit der Erkenntnis zu betonen. Und die Betonung der Begrenztheit der
Erkenntnis ist ihr deshalb wichtig, weil die Begrenztheit der

Erkenntnismöglichkeit Ausdruck der radikalen Begrenztheit des Menschen selbst ist, nämlich seine Endlichkeit.

In seinen Bemühungen, die Welt zu erkennen, schafft der Mensch ein Verhältnis zur Welt, das die Endlichkeit des Menschen aufdeckt und betont. Der diskursive Charakter des menschlichen Verstandes ist nach dieser Auffassung nichts anderes als Ausdruck der Rezeptivität des Menschen in seinem Verhältnis zur Welt. Das heißt, die Rezeptivität ist Ausdruck der Tatsache, dass der Mensch von vornherein von etwas abhängig ist, das er höchstens nur registrieren kann, auf das er jedoch keinen Einfluss haben kann.

In seinen Erkenntnisbemühungen kann der Mensch nur von einem Begriff zu einem anderen übergehen, so lautet der Einwand. Zur Wirklichkeit dringt er damit nicht vor, d.h., *dadurch wird der Abstand zwischen ihm und der Wirklichkeit, in der er sich befindet und in der er lebt, nicht kleiner*.

Mit anderen Worten, die menschliche Existenz, die Situation und die Stellung des Menschen in der Welt werden durch diese Erkenntnisbemühungen nicht berührt und die Absurdität einer Existenz, die in diese Welt „hineingeworfen" wird und ihre Angst vor dem Tod wird durch diese Erkenntnisbemühungen nur betont und somit auch die *Sinnlosigkeit* dieser Bemühungen.

Die Endlichkeit der menschlichen Existenz ist nicht zufällig *die* Grundkategorie der Existenzphilosophie. Denn durch sie wird das existentielle Bewusstsein des Einzelnen, eine andere Grundkategorie der Existenzphilosophie, eigentlich konstituiert.

Die Endlichkeit ist der bezeichnendste Grundzug des menschlichen Daseins, und der Tod als Ausdruck dieser Endlichkeit ist nach der Auffassung der Existenzphilosophie das wichtigste Ereignis im Leben eines Menschen. Der Mensch ist endlich, weil er erstens sterben wird und zweitens, weil er weiß, dass er sterben wird.

Der Tod soll nicht einfach als der Schlusspunkt der Tage eines Menschen verstanden werden. Der Tod ist nicht bloß ein negatives Ereignis, der Punkt, wo der Mensch aufhört zu leben, sondern *er stellt ein Ereignis dar, das immer im Hintergrund des Bewusstseins anwesend und seelisch wirksam ist.*

Der Tod ist nicht bloß ein Ereignis in einer fernen Zukunft; wir werden zwar irgendwann in der Zukunft sterben, aber das Bewusstsein, dass wir sterben werden, begleitet uns immer in der Gegenwart und bestimmt so auf eine entscheidende Weise unsere Lebenssituation. Der Mensch ist in die Welt „hineingeworfen", er weiß nicht, warum er und diese nun „seine" Welt überhaupt existieren. Er weiß *nur, dass* er existiert und dass sein Tod unumgänglich ist. Er ist sich, im Gegensatz zu allen anderen Lebewesen und Objekten in dieser Welt, dieser Tatsache bewusst, was bei ihm das ständige Gefühl der Angst und der Furcht erzeugt.

Mit diesem Bewusstsein hört der Tod auf, ein unpersönliches Ereignis zu sein, ein unumgängliches Schicksal des Menschen. In dieser unpersönlichen Betrachtung des Todes drückt sich der Versuch aus, den Gedanken auf den eigenen Tod zu verdrängen, die Tatsache zu ignorieren, dass *ich* persönlich sterben muss. Wir sind uns immer bewusst, dass der Tod die totale Auslöschung all dessen ist, was für uns in dieser Welt wichtig ist und all dessen, was unserem Leben Sinn und Bedeutung verleiht: *Authentisches Leben ist ein Leben, das sich seines Endes immer bewusst ist.* Erst das Bewusstsein des Todes macht dem Menschen den vollen Wert und den vollen Sinn seines Lebens bewusst.

10. Wenn wir nun diese hier kurz geschilderte Grundposition der Existenzphilosophie näher betrachten, werden wir deutlich sehen, dass das, was die Existenzphilosophie als ursprünglich ansieht, gar nicht ursprünglich ist, dass die Existenzphilosophie einen durch und durch konzeptuell bestimmten Gesamtzusammenhang voraussetzt, der die Bestimmung der existenzphilosophischen Grundbegriffe überhaupt möglich macht. Dies zu zeigen, ist diesen Paragraphen gewidmet.

Der erste Schritt dazu ist eine Erörterung des Begriffs der Erfahrung. Bei der Erfahrung muss man zwei Aspekte unterscheiden: Einmal ist die Erfahrung **Inhalt des Bewusstseins** *eines Subjekts* und einmal ist sie **Zustand** *dieses Subjekts*.

Die Erfahrung ist einerseits der Inhalt dessen, was dem Subjekt als *gegebene sinnliche Erlebnisse* bewusst ist (von ihm „erlebt" wird), andererseits ist die Erfahrung die *Art des Bestehens des Subjekts* in dem Gefüge der Beziehungen, das die Wirklichkeit konstituiert und ausmacht.

Insofern ist die Erfahrung einerseits Ausdruck des *Bestehens des wirklichen Subjekts* selbst, andererseits aber Ausdruck des *Bestehens der Wirklichkeit* selbst, in der dieses Subjekt besteht. Die Erfahrung deutet somit auf zwei Richtungen der Tätigkeit des Bewusstseins des Subjekts hin: Einmal wird das Subjekt als von der Wirklichkeit getrennt betont und zum anderen vollzieht das Bewusstsein die Eingliederung des Subjekts in die Wirklichkeit als integralen Teil von ihr.

Diese zwei Richtungen sind Ausdruck der *Identität* des Subjekts: *Die Tätigkeit des Bewusstseins in diese zwei Richtungen konstituiert die* **Identität das Subjekts** *und die Er-*

fahrung ist die Brücke *zwischen dem einzelnen identischen Subjekt und zwischen der es umgebenden Wirklichkeit.*

Konkret bedeutet diese Bestimmung zweierlei: *Erstens*, dass die Erfahrung eines Subjekts als *Art seines Bestehens in der Welt* **immer und notwendigerweise individuell** *ist* und nur eine solche sein kann, und *zweitens*, dass diese Individualität der Erfahrung **immer und notwendigerweise** *über sich hinausführt bzw. hinausführen muss, was bedeutet, dass diese Individualität keinesfalls als ursprünglich aufgefasst werden kann.*

Die Individualität der Erfahrung entsteht zunächst kraft der Tatsache, dass die Erfahrung als Bewusstsein zu dem Kontakt zwischen dem Subjekt und seiner Umgebung von *vornherein individuell* ist. Die Art und Weise, *wie* das Subjekt diesen Kontakt erfährt oder wahrnimmt, ist von vornherein individuell.

Hier, in diesem Eindruck und in diesem Erlebnis ist das Subjekt gewissermaßen passiv: Das, was es erfährt, ist ihm aufgezwungen, d.h., das Subjekt bestimmt nicht, was es in einem bestimmten Moment erfährt und wie es dies erfährt. Außerdem besteht die Individualität der Erfahrung in der Tatsache, dass das Subjekt von anderen Subjekten *abgesondert besteht.* Das heißt, die Tatsache, dass das Subjekt mit sich selbst identisch ist, bestimmt seine Erfahrung von vornherein als individuell. *Diese Identität des Subjekts konstituiert die persönliche Identität des einzelnen Menschen, der, wegen der individuellen Erlebnis- und Erfahrungsweise,* **immer eine persönliche und absolut einmalige** *Biographie hat*, was wiederum zu einer weiteren Bestimmung der Individualität der Erfahrung des Subjekts führt.

11. Auf den ersten Blick scheint diese Individualität der Erfahrung tatsächlich ursprünglich zu sein und zwar im Sinne *der* Grundtatsache, die allein als Grundlage zum Verständnis der Welt und des Menschen ausgeht.

Eine nähere Betrachtung wird jedoch zeigen, dass von der Ursprünglichkeit dieser oben genannten Tatsache gar keine Rede sein kann: *Die Möglichkeit des Bewusstseins bzw. des Selbstbewusstseins des Subjekts wie auch die Möglichkeit seiner individuellen Besonderheit und seiner individuellen Einmaligkeit sind durch das Bestehen einer universellen Struktur bedingt und sie werden durch den und in dem Zusammenhang konstituiert, den diese universelle Struktur bestimmt.*

So z.B. ist das Empfangen eines Eindrucks, das durch etwas verursacht, als Erfahrungsweise betrachtet, *immer individuell.* Zunächst muss jedoch dem Subjekt selbst bewusst sein, dass es etwas erfährt und es muss wissen, *was* es erfährt. Der Inhalt dessen, was es erfährt, muss etwas Definiertes bzw. etwas Definierbares sein; das, was es erfährt, muss einheitlich und mit sich identisch sein. Das alles muss vorhanden sein, *bevor* das Subjekt selbst überhaupt etwas erfahren kann, *damit* es überhaupt als das, was es ist, erfahren kann.

Die Erfahrung ist individuell kraft der Tatsache, dass der **Akt** *der Erfahrung individuell ist.* Das Erfahren ist zwar selbst nicht vermittelbar, jedoch schon die bloße Tatsache, dass man sich dessen überhaupt *bewusst* ist, zeigt, dass die *überindividuelle Struktur* des Bewusstseins hier wirksam ist.

Diese Wirkung besteht in der **apriorischen Konzeptualisierung** der Erfahrung: *Die Erfahrung ist* **von vornherein** *eine* **begriffliche** *Konstruktion* und deshalb überindividuell.

Es ist in diesem Zusammenhang sehr wichtig einzusehen, dass das *bloße Bewusstsein* der *Tatsache des Erfahrens*, der *Tatsache, dass man überhaupt etwas erfährt und wie man es erfährt* (Gefühle, bloße Empfindung usw.), erstens die *überindividuelle Struktur des Bewusstseins* und zweitens die *begriffliche Ausdrucksmöglichkeit* voraussetzt.

Das Erlebnis im Erfahrungsakt ist im Grunde nichts anderes als die Lenkung des Bewusstseins in einem bestimmten Moment in eine bestimmte Richtung der Erfahrung. Das „erleben" wir im Akt der Erfahrung, also im Erfahren. Das Erfahren und das Erleben sind vom Standpunkt des Subjekts aus betrachtet in ihrem Vollzug *immer in der Gegenwart*, d.h., sie sind *momentan*: Man kann sich an vergangene Erlebnisse und an vergangene Erfahrungen erinnern und an kommende denken, jedoch erleben und tatsächlich erfahren können wir *nur in der Gegenwart*.

Der Akt der Erfahrung ist *immer momentan und fragmentarisch*, genau wie die *Gegenwart nur ein momentaner Abschnitt oder ein Fragment der Zeit ist*.

Die Bedeutung dieser unbestreitbaren Tatsache ist klar: *Schon der einfachste Erfahrungsakt, schon das einfachste Erlebnis überschreitet* **von vornherein** *die Grenzen der Gegenwart*, denn bei Erlebnis- und Erfahrungsakten handelt es sich *immer* um Inhalte, die *niemals* als momentan und fragmentarisch gelten *können*, d.h., *die Bedeutung dieser Inhalte kann* **niemals lediglich** *in einem momentanen und fragmentarischen Dasein bestehen*.

Schon die bloße Tatsache, dass das, **was** *wir erfahren,* **sprachlich bzw. begrifflich** *ausgedrückt werden* **kann***,* die bloße Tatsache, dass wir es mit einem *Namen* versehen können, bedeutet erstens, dass *die Überschreitung der Grenzen des fragmentarischen Moments der Gegenwart von vornherein vollzogen worden ist*, diese Tatsache bedeutet aber auch zweitens, dass *die Überschreitung der Grenzen der individuellen Sphäre des Subjekts wiederum von vornherein vollzogen worden ist:* **Die Sprache selbst ist kein Produkt eines Erfahrungsaktes**.

Jeder gegenwärtige Moment des Bewusstseinsgeschehens setzt *immer schon* den Namen voraus, durch den wir uns unserer momentanen Erfahrungsakte und individuellen Erlebnisse als Inhalt des Bewusstseins bewusst sind; dieser Name ist also kein Produkt des Erfahrens selbst.

Auch die *Individualität des Subjekts* muss von *kontinuierlichem Bestand* sein: *Sie kann niemals als* **bloß gegenwärtig** *verstanden werden. Die* **Tatsache** *der* **persönlichen Identität** *des Subjekts*, das, was ihm seine Individualität verleiht und seine Persönlichkeit ermöglicht, das, was überhaupt ermöglicht, von dem *ganzen Menschen*, von dem *ganzen körperlichen-seelischen Menschen* mit seinen Gefühlen und Ängsten, seinen Sorgen und Nöten zu sprechen, *das* kann **niemals** *in einer sensualistisch-empiristischen Weise verstanden werden*, wie es Hume in ausgezeichneter Weise gezeigt hatte.

12. Das oben Gesagte bedeutet nun, dass *die Erfahrung und das Erfahren oder das Erleben der Erfahrungsakte* **niemals** *als* **unmittelbar** *gelten können*. Die Erfahrung steht ja nicht für sich da. Das Nachdenken über die Erfahrung zeigt, dass, um das zu sein, was sie ist, die Grenzen des Subjekts *notwendigerweise* überschritten werden müssen, und zwar in dop-

pelter Hinsicht: *Erstens* kann die Erfahrung *niemals* als *Gesamtzusammenhang* gelten, wie sie im vorphilosophischen Stadium erfahren wird. Beim Nachdenken über die Erfahrung führt diese *notwendigerweise* über sich hinaus, d.h., die *Wirklichkeit* der Erfahrung lässt sich *nur* in einem weiteren Zusammenhang feststellen, der *notwendigerweise* weiter als der Umfang der Erfahrung selbst ist.

Zweitens setzt die Erfahrung die *Wirklichkeit* und die *Tätigkeit des Bewusstseins* mit seiner deduktiven Struktur voraus. Es gibt *keinen Übergang* zwischen Erfahrung und Bewusstsein und einen solchen Übergang kann es auch nicht geben. Das heißt, *es ist nicht so*, dass die Erfahrung sozusagen da ist, und dann das Subjekt kommt und sie wahrnimmt.

In Wahrheit ist es genau umgekehrt: Die Erfahrung setzt das Bewusstsein als *logische Bedingung ihrer Wirklichkeit und Erfahrbarkeit* voraus. Das heißt, das Wesen der Erfahrung besteht zunächst in der Tatsache, dass sie durch ein Bewusstsein „registriert" und durch das Subjekt erfahren wird: Es ist das Bewusstsein, das die Erfahrung bestimmt und nicht umgekehrt.

Was uns als unmittelbare Auffassung der Erfahrung bzw. als unmittelbares Erfahren erscheint, ist in Wahrheit nur eine Bestimmung des Bestehens eines Sachverhalts oder eines Inhalts, *ohne dieses Bestehen in einen erklärenden Zusammenhang zu setzen bzw. ohne diesen Zusammenhang wahrzunehmen.*

Alles, was dessen Auffassung von uns als „unmittelbar" erfahren wird, braucht für sein Bestehen, für seine Identität und für seine Einheit, einen viel breiteren Zusammenhang, den man *unmöglich in **einem** Wahrnehmungsakt* erfahren kann. Das kann man sehr deutlich bei Farben und Klängen sehen: Jede einzelne Farbe und jeder einzelne Klang setzt das gesamte Farben- und Klangspektrum voraus.

Eine ähnliche Voraussetzung gilt für alles, was erlebt, empfunden oder gefühlt wird, wie auch für alles, was auf eine andere Weise als durch die Sinne gegeben wahrgenommen werden kann. Das gilt genauso für Wärme und Kälte wie für Angst oder Liebe: Man muss sich nur vergegenwärtigen, welchen komplizierten begrifflichen Zusammenhang das Verständnis des Begriffs „Angst" voraussetzt. So muss z.B. *Angst* zunächst als *Gefühl* bestimmt werden, dann muss es als ein **bestimmtes** *Gefühl* bestimmt werden und so weiter.

All dieses oben genannte Erfahrbare erscheint uns als unmittelbar gegeben zu sein, weil dieser besprochene weitere Zusammenhang uns im Moment der Wahrnehmung des Erfahrungsakts nicht in diesem Akt gegenwärtig ist.

Was einen Sachverhalt oder einen Inhalt „erlebbar" macht, ist die *bloße Tatsächlichkeit* der Gegenwart dieses Sachverhalts oder dieses Inhalts im Rahmen unserer Erfahrung, *ohne dabei das Bewusstsein zu haben, was* zur Entstehung dieses Sachverhalts oder Inhalts geführt hat und *was* ihn zu dem macht, was er ist, *was* seine Identität als das, was er ist, bestimmt, und *was* ihm seine Einheit und seine Beständigkeit verleiht.

Und so erscheint er uns, *losgelöst von jedem erklärenden Zusammenhang*, der mit dem Sachverhalt bzw. mit dem Inhalt nicht gleichzeitig gegeben ist, als unmittelbar gegeben, d.h., wir „erfahren" ihn. Das betrifft die Art und Weise, *wie* wir ihn erfahren. Wenn wir diesen Sachverhalt oder Inhalt *erkennen*, dann spielt dieses Erfahren *gar keine* Rolle.

All dies bedeutet nicht den Versuch, die Stimme des Lebens und des Gefühls zum Verstummen zu bringen. Es handelt sich bei der obigen Erklärung *nicht* um den Versuch, das Denken dort aufzuzwingen, wo es nicht hingehört, sondern es handelt sich um den Versuch zu verhindern, dass die Bedeutung und der Sinn von Leben, Gefühl, Erleben und dergleichen auf eine unangemessene Weise bestimmt werden.

Erleben, Leben, Gefühl und dergleichen sind keine Faktoren, die an sich unmittelbar Eindeutigkeit und Bestimmtheit besitzen. Sie *benötigen*, um überhaupt Sinn und Bedeutung zu haben, die *logische Klärung* und *erst durch die Zugrundelegung der deduktiven Struktur des Denkens* lässt sich ihr Sinn und ihre Bedeutung bestimmen und verstehen.

*Das Leben, das Gefühl und das Erlebnis, das Lebensgefühl und das Selbstgefühl sind für uns Tatsachen, die uns ihre ganze Gewalt spüren lassen. Jedoch trotz dieser Macht und dieser Gewalt, mit der sie auf uns wirken, trotz ihrer eigentümlichen und entscheidenden Bedeutung für uns, **sind sie keine selbstständigen Geltungsgebilde.***

13. Wenn wir das auf die Existenzphilosophie beziehen wollen, so bedeutet das, dass *der besondere, einzelne Mensch, wie er in seiner ganzen persönlichen Fülle empirisch vorkommt, also die konkrete, gelebte Existenz, **niemals** als Ausgangspunkt weder für das Verständnis der Welt noch für das Verständnis des Menschen selbst gelten kann.*

Diese konkrete, gelebte Existenz ist nicht ursprünglich, sie ist sich selbst nicht unmittelbar gegeben, wie es die Existenzphilosophie behauptet.

Und *wenn* die Existenzphilosophie auf Bescheide über Angst und Tod, Existenz und Sein, Gott und Nichts dringt, welche die fundamentale Wirklichkeit des Menschen betreffen [35], *wenn* sie, im Bedenken der Existenz- und Seinsvergessenheit *mit Recht* darauf besteht, den Grundfragen der menschlichen Existenz nachzugehen (Janke, ebd.), *dann* muss sie einsehen, dass sie das *nicht unmittelbar* unternehmen kann, sondern sie muss zunächst eine Art *gesamtphilosophische Propädeutik vorausschicken*, in der sie ihren Wahrheitsanspruch legitimiert und die Grundbedeutungen bestimmt, erklärt und begründet.

Die Existenzphilosophie muss, mit anderen Worten, *ein Gesamtsystem der Philosophie entwerfen, um an die Wahrheit zu kommen, die für sie wichtig ist.* Denn wenn die Wahrheit über den Menschen und sein Dasein so unmittelbar wäre, dann hätte *die Rede von Existenz- und Seinsvergessenheit* **gar keinen Sinn** gehabt.

Man macht sich über den Philosophen lustig, der nach dem so genannten Eigentlichen fragt, der jedoch über das Nächstliegende, über das, was vor seinen Füßen liegt, stürzt; man macht sich über den Philosophen lustig, der nach dem so genannten eigentlichen Wesen der Wirklichkeit fragt, ohne dabei zu merken, dass er mit dieser Frage angeblich alles Wirkliche verschleiert. Der Witz dabei ist aber, dass es gerade diejenigen sind, die sich auf das „Eigentliche" stürzen, die sich über den Philosophen lustig machen, der danach ernsthaft fragt.

---

[35] Janke S. 4

Was bedeutet eigentlich Existenz- und Seinsvergessenheit, wenn wir nicht das *Wesentliche,* das *Eigentliche,* das *Wichtigste* übersehen oder von vornherein gar nicht berühren bzw. gar nicht berühren können?

Andererseits aber, *was bedeutet eigentlich die fundamentale Wirklichkeit des Menschen, wenn nicht die* **eigentliche** *Wirklichkeit des Menschen? Was bedeutet die Erörterung der Grundfragen des menschlichen Daseins,* wie z.B. „Was ist das Sein des Daseins, dem es in seinem Existieren um sein Sein geht? Wie gehören Eigentlichkeit und Entfremdung der Menschenwelt mit der Entbergung und Verbergung der Wahrheit zusammen? Wie ,braucht' der Mensch das Sein und das Sein den Menschen?"[36], *wenn nicht die Erhellung des ei-* **gentlichen** *Existierens?*

Und wenn hier unbedingt von „eigentlich" die Rede sein muss, woher weiß man, *was* „eigentlich Existieren", *was* „eigentliche Grundfragen" usw. *eigentlich ist?* Unmittelbar sichtbar kann es doch nicht sein, denn sonst wäre Philosophie einschließlich Existenzphilosophie nicht nur überflüssig, sondern sie würde überhaupt nicht entstehen können, denn was sollte uns zum Philosophieren treiben?

Das einzige, was die Rede vom „Eigentlichen" überhaupt sinnvoll macht, ist *die* **Grundgesetzlichkeit alles Wirklichen,** *der Logos der Wirklichkeit, in der bzw. in dem* **alle Wahrheit gegründet und begründet ist.**

Hier, in dieser Grundgesetzlichkeit muss die Grundwahrheit über das eigentliche Existieren wie auch die Grundwahrheit

---

[36] Ebd.

der Antworten auf die Grundfragen dieses Existierens begründet sein.

14. Ein ganz anderes Problem ist die Einstellung der Existenzphilosophie zur Stellung des Menschen in der Welt und zur eigenen *Endlichkeit.* Die Existenzphilosophie betont *das unmittelbare Bewusstsein des Menschen zu seiner Endlichkeit.* Diese Endlichkeit besteht nicht bloß darin, dass das einzelne menschliche Dasein zu einem bestimmten Zeitpunkt in der Zukunft zu existieren aufhören wird, sondern sie besteht gerade darin, dass dieses Dasein *jeden Moment* zu existieren aufhören kann: Die Endlichkeit besteht in dem kontinuierlichen unmittelbaren Bewusstsein, dass *jeder Moment der letzte sein kann.*

Der Tod selbst ist natürlich in der Gegenwart der Existenz noch nicht da, *er wird aber mit Sicherheit kommen.* Und da der Tod den Horizont der menschlichen Existenz bestimmt, bestimmt er auch das existentielle Bewusstsein in der Gegenwart. Die menschliche Existenz wird in den Tod nicht im Moment des Sterbens „hineingeworfen", sondern *schon in jenem gegenwärtigen Moment.*

Wenn man nun diese Grundtatsache der Existenzphilosophie mit einer anderen Grundtatsache derselben verbindet, dass nämlich der Mensch in die Welt „hineingeworfen" wird, dass ihm seine Existenz eigentlich aufgezwungen ist, dass ihm seine Erfahrung aufgezwungen ist, dass er ständig das Gefühl hat, er sei den Kräften der Welt „ausgeliefert", dann wird es auch verständlich, warum die Existenzphilosophie die Bedeutung der bzw. einer objektiven Weltordnung für im Grunde gering hält: Diese Ordnung interessiert allein das

Denken, hat aber für das Leben des konkret lebenden Menschen, wenn überhaupt, dann nur wenig Relevanz.

Abgesehen von der nach der Existenzphilosophie anmaßenden Behauptung, dass die vollständige Erhellung dieser objektiven Weltordnung überhaupt möglich ist, kann die konkrete und gelebte Existenz in ihr keinen Halt finden. Die von Not und Sorge, Leiden und Freuden, Angst und Liebe erfüllte Wirklichkeit des Menschen, spielt in dieser Ordnung keine Rolle. In einer solchen Ordnung ist der Einzelne nur ein Einzelglied eines Ganzen und nur insofern hat er Bedeutung.

Der menschliche Ernst, so ist der Einwand, fordert aber gerade die Berücksichtigung dessen, was dieser objektiven Ordnung gleichgültig ist und gleichgültig sein muss, nämlich die Berücksichtigung des wirklich Menschlichen in Bezug auf den Menschen, und dies kann nur durch die Wendung hin zum konkret lebenden Menschen selbst geschehen: Nur in ihm selbst kann der Mensch den Halt finden, den er sucht und den er in der objektiven Weltordnung nicht findet und auch nicht finden kann.

15. Eine nähere Betrachtung dieser aus existenziellen Gründen verlangten Hinwendung zum Menschen und zu den Grundfragen des Menschen wird jedoch zeigen, *dass dies nur und ausschließlich im Rahmen einer objektiven Weltordnung und nur und ausschließlich durch diese Weltordnung überhaupt möglich ist!*

Der Mensch befindet sich nicht einfach in der Welt. Der konkrete, lebendige, wirkliche Mensch, wie er in seiner ganzen Fülle empirisch vorkommt, ist sich selbst und den Anderen nicht von vornherein gegeben, sondern *er muss konstituiert und gestaltet werden*, was *nur durch seine rationalen Kräfte* vollzogen werden kann.

Das bedeutet natürlich *nicht*, dass der Mensch „nur Denken" ist. Aber *das Irrationale am Menschen*, gleich wie man es versteht und was man als solches bestimmt, *ist und kann als Irrationales* **nur vom Standpunkt des Denkens aus** *bestimmt werden*: Es ist *von vornherein ein Irrationales eines* **vernünftigen** *Wesens*.

Der Mensch muss zu der Erkenntnis seiner selbst kommen, um überhaupt die Möglichkeit zu haben, sich zu sich selbst im Sinne der Existenzphilosophie hinzuwenden, um dort den Halt zu finden, den er in der „leeren" objektiven Weltordnung nicht findet oder angeblich nicht finden kann. Und *zur Erkenntnis seiner selbst kann er* **nur durch die Selbsteingliederung in das Gefüge dieser objektiven Weltordnung** *kommen*.

Schon die bloße *Tatsache des Bewusstseins*, schon das *bloße Bewusstsein seiner selbst* deutet darauf hin, dass *der konkrete Mensch sich nicht nur in einem viel weiteren Zusammenhang befindet, als sein begrenzter Erfahrungshorizont je sein kann*, sondern dass *seine* **Identität** *als ein konkreter einzelner bestimmter Mensch, wie auch seine* **Existenz** *durch den bloßen Bezug auf sich selbst, durch die Hinwendung zu seinem „Ich"* **nicht nur nicht erschöpfend bestimmt werden kann, sondern gar nicht bestimmt werden kann.**

Dieses **notwendige** *Hinausgehen über die Grenzen des eigenen Selbst in der Bestimmung seiner Selbst* kommt ausgerechnet in den Begriffen zum Ausdruck, in denen die Existenzphilosophie die besondere Situation des Menschen zum Ausdruck bringen will. In dieser Situation soll nach ihr die objektive Weltordnung, falls eine solche überhaupt bestimmt werden kann, von vornherein gar keine Rolle spielen, ja in ihr kann diese Ordnung überhaupt gar keine Rolle spielen. Gemeint sind Begriffe wie „Endlichkeit", „Todesangst", „Möglichkeit", „Entfremdung" usw.

Nehmen wir als Beispiel die Endlichkeit des Menschen. Die Existenzphilosophie betont die *zeitliche Dimension* der Endlichkeit und die *Unmittelbarkeit und Ursprünglichkeit* des Bewusstseins des Subjekts zu dieser Endlichkeit. Die zeitliche Endlichkeit des menschlichen Daseins trifft die Wurzeln dieses Daseins, der Tod ist von vornherein gegenwärtig und die Sorge und die Angst, die das Bewusstsein ursprünglich begleiten, sind Sorge und Angst vor dem Tod und vor dem immer kürzer werdenden Leben.

Eine nähere Betrachtung des Begriffs Endlichkeit des Menschen wird zeigen, dass die zeitliche Dimension der menschlichen Existenz, also die Tatsache, dass der einzelne Mensch zu einem bestimmten Zeitpunkt zu existieren aufhören wird, für die Bestimmung der menschlichen Endlichkeit *sekundär* ist und, *wo diese zeitliche Dimension nicht sekundär ist, etwa im Begriff der Zukunft wie auch im Willen, diese Zukunft zu gestalten, hat sie dann* **positive** *Bedeutung und keine negative.* Das heißt, dann spielt die *aktive Bestimmung bzw. die Möglichkeit einer solchen Bestimmung der Zukunft* **die zentrale** *Rolle* und *nicht* die Tatsache, dass erstens die Gestaltung dieser Zukunft nicht sicher ist – denn immer kann etwas dazwischenkommen und dass zweitens die zeitliche Endlichkeit des Menschen damit nur betont wird.

16. Das Kennzeichen der Endlichkeit ist die Begrenzung bzw. die Abhängigkeit. Insofern *ist jedes Glied der Wirklichkeit endlich*, wobei *die Wirklichkeit selbst nicht als endlich **ge-dacht werden kann**.* Die Wirklichkeit ist jedoch nicht „unendlich", sie kann aber nicht als ein Ganzes verstanden werden, das von irgendeinem Faktor begrenzt bzw. abhängig ist. Das heißt, sie kann nicht als ein Ganzes verstanden werden, das mit einem Faktor in Beziehung steht, der mit derselben Kategorie wie ein Wirkliches in der Welt als wirklich bestimmt wird.

Was *die Endlichkeit des Menschen* betrifft, so hat diese zwei Aspekte: *Zunächst* bedeutet sie einfach die bloße Tatsache, dass der Mensch *in* der Welt *ist*. Und *zweitens* bedeutet diese Endlichkeit die Tatsache, dass *der Mensch Erfahrung hat*, d.h., dass *sein empirisches Bewusstsein von dem abhängig ist, was ihm zufällig vorkommt.*

Aber, wenn der Mensch seine Endlichkeit, also sich selbst als endlich bestimmt, stellt er sich in einer gewissen Weise *über* sie, d.h., *er macht diese Bestimmung aus dem Gesichtspunkt der **Erkenntnis** der Wirklichkeit.*

Dieser Gesichtspunkt ist *keiner* eines „unendlichen Verstandes", sondern der **eigentümliche** *Gesichtspunkt der* **menschlichen** *Erkenntnis der Wirklichkeit*, Erkenntnis, in der *die Vermittlung zwischen dem einzelnen wirklichen Denken und dem Denken überhaupt* vollzogen wird.

Konkret heißt das, dass *jede Bestimmung der Endlichkeit des Menschen nur durch die Überschreitung der Grenzen dieser Endlichkeit vollzogen werden kann, und der Rahmen, in dem dies geschieht oder geschehen kann, ist die objektive Weltordnung.*

Die Überschreitung der Grenzen der Endlichkeit des Menschen (nicht ihre Aufhebung), d.h., die Überschreitung der Grenzen eines jeden gegebenen Zustandes des Subjekts, wird gerade in der *zeitlichen Dimension* der menschlichen Existenz *besonders betont. Der Mensch lebt nicht einfach in der Gegenwart*; gerade die Zeitlichkeit des Bestehens seines Daseins betont die *Tatsache, dass der Mensch, kraft seines Bewusstseins, über die Abhängigkeit des Vorgehens seiner Existenz von der Zeit, d.h., über die Gegenwart seiner Existenz* **notwendigerweise** *hinausgeht bzw. hinausgehen* **muss.**

Die menschliche Existenz kann nicht als in der Gegenwart bestehend betrachtet werden: Der einzelne Mensch existiert nicht bloß in der Gegenwart, *er muss erst seine* **Identität** *verwirklichen.*

Die Selbstverwirklichung des einzelnen Menschen ist die Überschreitung der Grenzen seiner zeitlichen Endlichkeit wie auch seine Endlichkeit überhaupt.

Die Selbstverwirklichung des Menschen ist Ausdruck der überzeitlichen Dimension der menschlichen Existenz, wenn auch nicht seiner bloßen physischen Existenz. Mit Spinozas Worten lässt sich das so formulieren: *In der Verwirklichung seiner selbst nimmt der einzelne Mensch Teil an der Ewigkeit.*

Der existenzphilosophischen Betonung der Endlichkeit der menschlichen Existenz in ihrem einfachen Sinn, nämlich in der Betonung ihres zeitlichen und räumlichen Aufhörens-zu-Existieren, entspricht die Situation des **entfremdeten Menschen**, des in der Welt *orientierungslosen* Menschen.

Diesem Menschen ist die Zeit in der Tat die wichtigste Dimension seines Lebens. *Jedoch für den, der sich selbst verwirklicht, spielt die zeitliche Endlichkeit seiner Existenz nicht die Hauptrolle*, er hat in jedem gegebenen Moment seiner Existenz das Beste gemacht, *für ihn hat jeder Moment seines Lebens Sinn.*

Dieser Mensch hat auch Todesangst, die ihn ständig begleitet, er weiß genau, wie labil die menschliche Existenz ist und wie der Mensch dem Schicksal ausgeliefert ist. Er weiß aber auch, dass **das einzig Sichere, das der Mensch hat, er selbst ist.**

Das einzige, was hier letztlich die Hauptrolle spielen soll, sind der Sinn und die Bedeutung der persönlichen Existenz hinsichtlich ihrer Verwirklichung bzw. schon erreichten Verwirklichung und nicht die Bedeutung der zeitlichen Endlichkeit für diese Existenz.

Die Tatsache des Todes und des Leidens spielt ohne Zweifel eine sehr große und wichtige Rolle im Leben eines Menschen. *Diese Rolle ist jedoch sekundär im Vergleich zu der* **Aufgabe der Selbstverwirklichung des einzelnen Menschen**, *die die Hauptrolle im Leben bzw. in der Gestaltung des Lebens eines Einzelnen spielt: Die Rolle, die der Tod und das Leid im Leben spielen, kann letztlich* **nur auf dem Hintergrund des Sinns des Lebens einer Einzelperson** *bestimmt werden, ein Sinn, der nur durch den* **Begriff** *der Selbstverwirklichung zu definieren ist.*

Wir können also das oben Gesagte in einem Satz zusammenfassen: ***Das eigentliche Existieren des Menschen besteht in seiner Selbstverwirklichung!*** *Eigentlich existieren* bedeutet nichts anderes als *sich-selbst-verwirklichen.*

17. Mit der obigen Bestimmung kommen wir zu einem wichtigen Grundbegriff der Existenzphilosophie, nämlich zu dem

Begriff der *Möglichkeit*. Die Existenzphilosophie will im Begriff der Möglichkeit zwei Aspekte der menschlichen Existenz zum Ausdruck bringen: *Erstens*, dass *die einzelne konkrete, gelebte Existenz sich nicht in ein absolut bestimmtes, universelles System der Wirklichkeit eingliedern lässt.* Diese Bestimmung, so lautet die Behauptung, hat zur Folge, dass *der Mensch frei ist, „sich selbst zu machen".*

Zweitens aber betont dieser Begriff der Möglichkeit *die Endlichkeit der menschlichen Existenz und die menschliche Hilflosigkeit den vorgegebenen Umständen gegenüber, in die er „hineingeworfen" wird, und die Zufälligkeit der Vorkommnisse in seiner Erfahrung.*

Wesentlich für diesen Begriff der Möglichkeit ist, dass der Übergang von der Möglichkeit zur Wirklichkeit **nicht** *als ein notwendiger Übergang betrachtet wird.* Jede Möglichkeit ist hier als etwas Begrenztes zu verstehen, d.h., sie enthält in sich auch die Möglichkeit, *nicht* in Wirklichkeit überzugehen.

Worüber man sagen kann, dass es zu Wirklichkeit werden wird, das kann nicht als Möglichkeit verstanden werden. *Wesentlich für die so verstandene Möglichkeit ist die Tatsache, dass, auch wenn sie zur Wirklichkeit wird bzw. geworden ist,* **sie sich dabei selbst als Möglichkeit bestätigt und begründet und nicht als verwirklichte Möglichkeit als notwendig betrachtet wird**.

Damit will man *beide Aspekte des Begriffs der Möglichkeit* vereinigen: *Die Freiheit von einem zwingenden Gesamtzusammenhang der Wirklichkeit und die Einschränkungen und Zufälligkeiten, die die menschliche Erfahrung mitgestalten.*

Wesentlich für diese Auffassung von der Möglichkeit ist die *Unbestimmtheit*, die als in der Loslösung („Freiheit") des

Subjekts von einem jeden zwingenden wirklichen systematischen Zusammenhang bestehend verstanden wird. Das heißt, hier geht es nicht einfach darum, ob ein Mensch etwas tun will oder nicht und ob er dabei die Möglichkeit hat, sich zu entscheiden, wie er will. *Hier geht es eher um die Betonung der* **Subjektivität**, *die hier im* **schöpferischen Sinne** *verstanden wird:* **Der Mensch schafft sich selbst aus freiem Willen**.

18. Eine nähere Betrachtung dieser oben dargelegten Auffassung zeigt jedoch, dass im Begriff der Möglichkeit gerade die *Bestimmtheit* und nicht die Unbestimmtheit betont wird und betont werden muss, damit die Möglichkeit als Möglichkeit bestimmt und verstanden werden kann.

Das heißt, *es gibt nicht einfach so etwas wie Möglichkeit; Möglichkeit ist* **immer** *etwas Bestimmtes, das* **notwendigerweise** *unter bestimmten Umständen zur* **Wirklichkeit** *wird*.

Der **wahre** *Begriff der Möglichkeit kennzeichnet* **nicht** *das Gegenteil von Notwendigkeit und insofern kennzeichnet er* **nicht** *die Unbestimmtheit in der Umwandlung in Wirklichkeit, sondern er kennzeichnet* **nur die Unwissenheit bzw. den Mangel an Erkenntnis**.

Es hat *nur dort* Sinn, von Möglichkeit zu sprechen, *wo begriffliche Unbestimmtheit* besteht, d.h., nur dort, *wo* man den *Gesamtzusammenhang, in dem diese Möglichkeit steht,* **nicht kennt**, und damit auch *nicht die eindeutige und endgültige Bestimmung der Natur einer so genannten möglichen Sache vollziehen kann*.

Was Möglichkeit zur Möglichkeit macht, ist gerade die Tatsache, dass *sie in der Natur bzw. im Wesen einer Sache, gleich welcher Art, begründet ist.* Die Frage, ob eine Möglichkeit zur Wirklichkeit wird, ist *sekundär. Primär und von grund-sätzlicher Bedeutung* ist die Tatsache, dass diese Möglichkeit *nur in einer **bestimmten Richtung** Wirklichkeit werden **kann**.*

Wesentlich ist die Tatsache, dass die Möglichkeit *von vorn-herein* in einer *gesetzlichen Grundlage begründet ist*, die sie *überhaupt als Möglichkeit einer bestimmten Wirklichkeit* bestimmt.

Wenn das Mögliche überhaupt Sinn haben soll, wenn man dem Möglichen jegliche *verpflichtende Bedeutung und Gül-tigkeit* zuschreiben will, dann *muss man in ihm die **Bedin-gungen seiner Wirklichkeit** betonen.* Man muss in ihm *erkennen,* was es zur *Möglichkeit einer Wirklichkeit* be-stimmt. Denn *Möglichkeit ist nicht bloß Möglichkeit,* son-dern **immer eine logische Antizipation einer künfti-gen Wirklichkeit.**

19. Wenn wir nun zum Menschen zurückkommen, so bedeu-tet die Anwendung des Begriffs der Möglichkeit auf ihn nicht einfach, dass „alles offen" ist, sondern die *Möglichkeit der Verwirklichung seiner Natur als Mensch und als Indivi-duum.*

Der Mensch kann irgendetwas verwirklichen, *nicht weil er es will, sondern weil es zunächst in seiner persönlichen Natur begründet ist.* Die Frage, ob die Möglichkeit bei ihm zur Wirklichkeit wird und was dies bestimmt, ist *zwar wichtig, aber von sekundärer Bedeutung.* Die *Hauptsache* ist hier die *Tatsache,* dass er es *könnte, wenn* er es *wollte.* Und er könnte es nicht bloß tun, weil er es wollte, sondern *weil es Teil seiner menschlichen individuellen, d.h. persönlichen Natur ist.*

Wollen kann der Mensch, was er will und was ihm gerade Spaß macht; **verwirklichen kann er nur das, was durch seine persönliche Natur bestimmt ist**, die selbst durch seinen spezifischen Ort im Gesamtgefüge der Wirklichkeit bestimmt wird.

Und die Eingliederung des Subjekts in dieses Gesamtgefüge der Wirklichkeit ist *genau das Gegenteil* von dem, was die Existenzphilosophie in Bezug auf einen derart geschlossenen Zusammenhang versteht: *Diese Eingliederung des Menschen in das Gesamtgefüge der Wirklichkeit ist nicht die Einschränkung oder sogar die Aufhebung der Freiheit des Menschen, sondern* **ihre Verwirklichung** *und zwar auf die* **einzige mögliche** *Weise.*

Man kann jedoch erschweren und fragen: Die Wirklichkeit ist doch dem Menschen aufgezwungen? Er bestellt ja nicht die Erfahrung und die Wirklichkeit, in denen er lebt, sondern er ist diesen gewissermaßen ausgeliefert. Das Subjekt ist doch der Wirklichkeit entfremdet. Wie kann man denn behaupten, dass ausgerechnet seine Eingliederung in diese Wirklichkeit die Verwirklichung seiner Freiheit bedeutet und nicht umgekehrt?

Die Antwort auf diese Frage ist einfach: *Der Mensch ist von dem Moment an, da er das Licht der Welt erblickt*, ob man es wahrhaben will oder nicht, *Teil der Wirklichkeit, in der er lebt.*

Es ist nicht so, dass der Mensch an und für sich besteht und die Wirklichkeit ihrerseits an und für sich besteht, gewissermaßen als zwei einander fremde Welten, die einfach so nebeneinander bestehen. *Als in der Welt bestehend ist die Wirklichkeit dem Menschen sozusagen aufgezwungen.*

Man muss hier jedoch zweierlei unterscheiden: Die Wirklichkeit hat den Menschen nicht von sich aus hervorgebracht und *insofern* ist sie ihm aufgezwungen. Seine *Identität* kann aber *nur* durch die Eingliederung bzw. das Eingegliedert-Sein in der Wirklichkeit konstituiert und bestimmt werden.

In der Erkenntnis der Wirklichkeit als Vermittlung zwischen Subjekt und Wirklichkeit vollzieht sich die Eingliederung des Subjekts in die Wirklichkeit und damit **wird seine persönliche Identität konstituiert**.

Das ist die Voraussetzung für die Selbstverwirklichung des Subjekts – und **nur in seiner Selbstverwirklichung** ist *das Subjekt* **wirklich frei**.

Nur in seiner bewussten, bekenntnismäßigen Eingliederung in der Wirklichkeit kann der Mensch frei sein, denn *nur* in dieser Eingliederung wird seine Identität verwirklicht, d.h., *nur in ihr kann er sich selbst, als das, was er persönlich-individuell ist, verwirklichen.*

20. Ihre besonders brutale Macht im Sinne der Existenzphilosophie zeigt die Wirklichkeit dann, wenn ein Mensch versucht, sich selbst in einer Weise zu verwirklichen, die mit seiner persönlichen Natur *nicht* im Einklang steht, also in einer Weise, die seiner persönlichen Natur als durch seine bestimmte Stellung in dem Gesamtgefüge der Wirklichkeit bestimmt *nicht* entspricht.

Diese brutale Macht der Wirklichkeit bedeutet aber genau das Gegenteil von dem, was die Existenzphilosophie über sie meint: **Sie ist das Zeichen dafür, dass der Einzelne sozusagen seinen Kurs ändern soll, sie deutet darauf hin, dass dieser Weg seiner Identität nicht entspricht.**

Insofern hat diese „Machtdemonstration" der Wirklichkeit, die in Erscheinungen wie Entfremdung, dem Gefühl, man sei dem Schicksal ausgeliefert, dem Gefühl der Nutzlosigkeit und dergleichen zum Ausdruck kommt, eine *sehr positive Rolle. Der Mensch muss sie nur verstehen und für sich die Konsequenzen ziehen.*

Damit kommen wir zu dem *eigentlichen Problem eines jeden einzelnen Menschen: die Übereinstimmung zwischen den angeblich unzähligen Möglichkeiten, die für ihn offen stehen, und seiner eigenen Natur und seinen Fähigkeiten.* Es ist, mit anderen Worten, das Problem der **Orientierung des einzelnen Menschen in der Welt**.

Den „Kompass" kann der Mensch allerdings **nur** *in der Erkenntnis der Wirklichkeit* finden. *Nur so kann er den Sinn seines Lebens verstehen, d.h., sich selbst erkennen und dementsprechend sich selbst verwirklichen.*

Die Angst vor dem Tod wie die „Willkürlichkeit" der Wirklichkeit spielen *nur dann* die zentrale Rolle, *wenn* der Mensch in dem Bewusstsein lebt, sein Leben sei absurd und im Grunde sinnlos. *Aber in dem Moment, da er begreift*, dass die Bedeutung und der Sinn seines Lebens *nur von ihm abhängig ist*, sucht er nach dem *Maßstab für die Bestimmung dieses Sinns und dieser Bedeutung* und findet ihn *ausschließlich in seiner Selbstverwirklichung bzw. in dem Grad derselben.*

Auch dann ist die Angst vor dem Tod da, auch dann weiß der Mensch, dass er nicht mehr als ein „Strohhalm" ist, wie Pascal sagt. Dann wird aber diese Todesangst *nicht* zu *der* zentralen Kategorie der menschlichen Existenz in der Welt. Das heißt, dann wird *nicht* seine Endlichkeit betont und die zentrale Rolle spielen, die ihr die Existenzphilosophie zu-schreiben will, *sondern seine Individualität, seine Besonder-heit* als einzelner besonderer Mensch.

Die Selbstverwirklichung des Einzelnen bringt diese Indivi-dualität in einer **maximalen Weise** *zum Ausdruck, denn* **erst in der Selbstverwirklichung bzw. auf dem Weg der Selbstverwirklichung** *wird der einzelne Mensch zu dem, was er als Mensch und als Individuum wirklich ist bzw. sein soll.*

Nichts in der Welt kann diese Verwirklichung garantieren; diese Tatsache ist vermutlich, *mehr als die Tatsache des To-des selbst,* Quelle und Grund menschlicher Sorge und Angst. Jedoch sind diese Sorge und diese Angst *sekundär!*

Primär ist immer die Selbst-Verwirklichung: Sie ist der **ein-zige Maßstab** *des Menschen für die Bestimmung seiner Stellung in der Welt!*

Nicht die Existenz des Menschen in der Welt, also nicht die bloße Tatsache der Existenz des Einzelnen in der Welt ist pri-mär; *primär ist die Selbsterkenntnis und die darin sich gründende Selbstverwirklichung des Menschen und das so-wohl im weiteren Sinne als Menschen wie auch im engeren Sinne als eines besonderen individuellen Menschen.*

21. Die Existenzphilosophie *setzt,* wenn sie über die konkrete gelebte Existenz, über ihre Endlichkeit und über ihre Situa-tion in der Welt, in der sie sich befindet, spricht, *die* **ge-samte** *Weltstruktur voraus.*

Nichts in der Welt *kann die* **Tatsache** *ändern, dass* **alles,** *was dem Menschen bewusst ist oder bewusst werden kann,* **die logisch-deduktive Struktur des Denkens nicht**

nur voraussetzt, sondern darüber hinaus auch durch sie erkenntnismäßig konstituiert wird.

Alles, was ist, alles, was wirklich besteht, lässt sich **nur und ausschließlich** *erkenntnismäßig begreifen*, das Leben wie das Erleben inbegriffen, die zunächst als ursprünglich und als von vornherein nicht-konzeptuell erscheinen.

Dies bedeutet nicht die „Ersetzung" des Phänomens des Lebens und des Erlebens wie die Wirklichkeit im Allgemeinen durch ein geschlossenes System von Begriffen, das sozusagen für die wahre Wirklichkeit erklärt wird.

Nichts in der Welt, *auch kein Begriff und kein System von Begriffen, kann das konkret gelebte Leben und das konkret erlebte Erleben und schon gar nicht die gesamte Wirklichkeit ersetzen.*

Nichts in der Welt kann aber auch die Tatsache ändern, dass der Mensch, obwohl er im Grunde nicht mehr als der pascalsche „Strohhalm" ist, doch *versteht*, was mit ihm geschieht.

Das lässt sich am besten verstehen, wenn man versucht, sich klar zu machen, was eigentlich die „Angst vor dem Tod" voraussetzt, um als solche überhaupt empfunden oder gefühlsmäßig wahrgenommen zu werden: Die Angst vor dem Tod setzt nämlich einen gewaltigen *begrifflichen* Apparat voraus, der uns die Möglichkeit gibt, im Gegensatz zu anderen Lebewesen, *wirklich Angst vor dem Tod zu haben*, d.h., *unsere Situation in der Welt zu* **begreifen** *bzw. sich ihrer* **bewusst zu sein** *bzw. sie* **wahrzunehmen**.

Dies hat die Existenzphilosophie, trotz ihrer wirklich großen Verdienste in der Klärung der Stellung und der Situation des Menschen in der Welt und trotz ihrem Beitrag zum Verständnis des Menschen überhaupt, *übersehen*.

Übersehen – denn *sie hat diese Tatsache unbewusst voraus-gesetzt.* Sonst könnte sie für sich gar keinen *Wahrheitsan-spruch* erheben, *sonst müsste sie schweigen: Denn, was die Grenzen der Sprache („Begriffe") überschreitet, „wovon man nicht sprechen kann, darüber muss man schweigen".*[37]

[37]Wittgenstein, Tractatus, Satz 7, S. 111

36 Vgl. System I, S. 53ff

VII. ÜBER DIE VERANTWORTUNG DES PHILOSOPHEN[38]

1. Die Frage nach der Verantwortung des Philosophen, die wir im vorigen Kapitel nur kurz berührt haben, ist im Grunde die Frage, mit welchen Verpflichtungen und wem gegenüber die Tatsache des Philosoph-Seins verbunden ist? Die Tatsache, dass zu verschiedenen Anlässen vom Verrat der Philosophen die Rede ist, macht es notwendig, unabhängig davon, was darunter verstanden und gemeint werden könnte, die Frage zu klären, ob überhaupt die Philosophie und das Philosoph-Sein mit einer besonderen, bestimmten Verantwortung verbunden sind.

Die charakteristische Eigenart im Wesen des Philosophen ist sein Streben, die Welt als Kosmos zu erkennen, es ist sein Streben nach Erlangen der Wahrheit im eigentlichen Sinne. Was dem Philosophen eigentümlich ist, ist der verstandesmäßige Bezug auf das Weltganze, das Streben, das Geheimnis von Sein und Dasein zu erhellen und die persönliche Bedeutung dieser Erkenntnis und dieser Erhellung zu bestimmen. Bezeichnend für das Erkenntnisbemühen der Philosophie ist die Tatsache, dass es von *jedem* partikulären Interesse in der Welt frei ist: In der Philosophie geht es weder um spezifische Sacherkenntnisse noch um etwas, das partikuläre Interessen fördern kann. Worin also soll die spezifische Verantwortung des Philosophen bestehen?

Der persönliche und sachliche Beginn der Philosophie bei einem jeden Philosophen ist die Entdeckung der Welt als Kosmos. Dieser Beginn besteht also in der Einsicht, dass die Welt ein einheitliches

Ganzes ist, dessen Glieder durch einen beständigen gesetzmäßigen Zusammenhang verbunden sind. Diese Grunderkenntnis, mit der die Philosophie beginnt, erweckt unmittelbar die allgemeine Frage, worin die Gesamtstruktur der Wirklichkeit besteht, „was die Welt im Innersten zusammen hält". *Mit dieser Entdeckung der Welt als Kosmos hat der Einzelne den Standpunkt der Unbekümmertheit der Naivität verlassen,* oder genauer gesagt: *Es hat die Enge des naiven Weltbildes verlassen und ist zum Bewusstsein des eigenen Daseins als integralen Teils der Wirklichkeit gelangt.* Dieses Bewusstsein ist eine *Befreiung,* jedoch nicht eine Befreiung im Sinne eines Endzustandes, sondern im Gegenteil, im Sinne eines *Anfangszustandes:* **Es ist der Zustand, in dem das Einzelne den Anspruch und die Aufforderung erfährt, es selbst zu sein!**

In dem Moment, wo der Einzelne zur Einsicht gelangt, dass die Welt nicht bloß aus äußerlich aneinandergefügten Daten besteht, dass die Welt mehr ist als das, was er hört, sieht und ertastet, dass Tatsachen immer schon begriffliche Einheiten sind, *in diesem Moment verliert er auch gleichzeitig die Sicherheit in der naiven Selbstwahrnehmung:* Diese wird, genau wie jede andere Wahrnehmung zunächst in Frage gestellt.

Diese Bestimmung ist aber *keinesfalls* eine negative Bestimmung. Denn gerade mit der Grunderkenntnis, dass die Welt einen Kosmos darstellt, ist auch die Erkenntnis verbunden, dass *die wahre Bestimmung des Ichs nur vor und auf dem Hintergrund der wahren Wirklichkeit erfolgen und bewahrt werden kann.* Das ist eben deshalb eine Befreiung, weil mit dieser Grundkenntnis die Möglichkeit zur *individuellen Selbstverwirklichung* eröffnet wird.

Es ist nicht nur die Erweiterung der Bedeutung der Welt, sondern auch gleichzeitig die Erweiterung der Bedeutung dessen, was der Mensch darstellt, wie auch die Erweiterung des Horizontes der Möglichkeiten, die für ihn offen stehen: für das, was der Mensch sein soll, wie er dies verwirklichen kann und was diese Wirklichkeit sichern kann.

Im Erblicken der Wahrheit besteht deshalb die Würde des Menschen, weil dadurch die Beschränktheit der Naivität aufgehoben und die individuelle menschliche Bestimmung ermöglicht wird.

Was das *vor*philosophische Denken betrifft, so ist es keinesfalls ein „primitives" Denken: *Es ist ein Denken, das nicht in der Lage ist, sich der Perspektive der Wirklichkeit im Ganzen zu stellen.* Das *philosophische* Denken dagegen beruht auf der Auffassung der Beziehung des eigenen Selbst zur Wirklichkeit als Ganzem *und* im Ziehen der Konsequenzen für die Bestimmung der Selbstidentität und des Selbstseins. Mit anderen Worten: Das philosophische Denken allein ist in der Lage, den Zusammenhang der Selbstbestimmung und des Selbstseins mit dem Gesamtgefüge der Wirklichkeit als Ganzem zu sehen.

Und wenn man einmal diese Stufe erreicht hat, dann ist es unmöglich, diesen Zusammenhang zu ignorieren. Denn *mit der Erkenntnis, dass die Welt einen Kosmos darstellt, verwandelt sich der Mensch*: Der Übergang vom vorphilosophischen zum philosophischen *Denken und Leben* besteht nicht bloß in dem Erwerb von Wissen: Dieser Übergang stellt einen *Bruch* dar, der in einer *Erschütterung* besteht, *die die Person verwandelt*. Und von dem Moment dieser Verwandlung an wird Philosophie **lebensnotwendig** – sei es nun im Sinne des Entwerfens des eigenen philosophischen Systems oder im Sinne der Annahme eines Bestehenden.

Wenn wir also sagen, die Einsicht, dass die Welt einen Kosmos darstellt, *befreit* uns, so meinen wir damit, dass sie uns *erweckt* und *betroffen* macht, denn damit wird nicht nur die Welt entdeckt, sondern wir entdecken dabei uns selbst oder genauer formuliert: Wir erfahren den **Anspruch, wir selbst zu sein.**

Was bedeutet aber „betroffen-sein" und „sich-selbst-sein"? „Betroffen-sein" bedeutet in diesem Zusammenhang nichts anderes als *„dem eigenen Selbst begegnen".* Es ist die Beziehung zu sich selbst in dem Bewusstsein, dass das Selbstsein das einzig mögliche, *wahre* Dasein für den Einzelnen ist, es ist *das Eigentümliche und das Echte am einzelnen Menschen.* Das Betroffen-Sein stellt den Einzelnen vor die Frage nach der *Selbstidentität* und vor die Frage nach seiner *Individualität.* Die Erkenntnis der Welt führt zur Selbsterkenntnis und somit zur Möglichkeit der Verwirklichung der Selbstidentität und zwar deshalb, weil sie *Orientierung* in der Welt möglich macht. Das ist auch der Grund, warum die Erkenntnis der Welt *Befreiung* bedeutet.

Die Erkenntnis der Welt macht Orientierung in der Welt möglich, was wiederum Selbsterkenntnis und Selbstverwirklichung möglich macht. Daher ist es so wesentlich, zwischen Schein und Wirklichkeit unterscheiden zu können: Die individuelle Selbstverwirklichung und alles, was damit verbunden ist, ist nur in der Erkenntnis der wahren Wirklichkeit möglich. Aus diesem Grund macht uns alles Wahre, alles Wirkliche, sei es in der Gestalt des Guten, des Schönen, des Heiligen oder des Natürlichen, so betroffen: **Es geht uns an – es geht um uns!**

Die Begegnung mit der Wahrheit oder mit der Wirklichkeit in ihren verschiedenen Gestalten *motiviert* uns nicht nur zum Selbstsein, sie *drängt* uns gerade dazu. Dabei geht es nicht um die Bestimmung von bestimmten, besonderen Zwecken in unserem Leben, sondern um unseren Lebensweg insgesamt: Es geht, sokratisch ausgedrückt, um das gute Leben und um die Vollendung des individuellen Menschseins. Bei der Erkenntnis, die zur Selbstverwirklichung drängt, geht es auch nicht einfach um Grundsätze, nach denen man leben soll, Grundsätze im Sinne von Ge- und Verboten: *Die Einflussnahme der Philosophie als System der Erkenntnis der Wirklichkeit beziehungsweise der Wahrheit auf die Selbstverwirklichung und auf die Gestaltung der Persönlichkeit des Individuums ist die* **andere Seite** *der systematischen, allumfassenden Weltauffassung.*

Das heißt *erstens*, dass man von der Wirklichkeit des Selbstseins nur im Zusammenhang mit dem Gesamtgefüge der Wirklichkeit sinnvoll reden kann: Die Orientierung in der Wirklichkeit wird durch die Philosophie nicht nur ermöglicht, sondern der Einzelne wird durch sie zur Selbsterkenntnis und zum Selbstsein *gedrängt*. *Zweitens* heißt das, **dass das System der Philosophie die Aufhebung der Dichotomie zwischen Theorie und Praxis bedeutet!**

Eine wahre Selbstidentität und ein wahres Selbstsein setzen diese Aufhebung der Dichotomie zwischen Theorie und Praxis voraus. Im Begriff der **Verantwortung** *schmelzen Theorie und Praxis zusammen. Die Verantwortung ist der Vollzug der Selbstidentität und somit bezeichnet sie das wahre Selbstsein. Wenn wir also von Verantwortung sprechen, so ist* **die ursprünglichste und fundamentalste Art der Verantwortung diejenige, die zur Selbsterkenntnis, Selbstverwirklichung und zum Selbstsein führt und deren Ausdruck sie auch ist.**

Die erste und ursprünglichste Verantwortung eines *jeden* einzelnen *Menschen* besteht nach den obigen Ausführungen in der Verwirklichung seiner persönlichen Identität im Selbstsein. Um jedoch dahin zu kommen, *muss* er vom vorphilosophischen Zustand zum philosophischen übergehen. Es ist mit anderen Worten die *Pflicht* eines jeden Menschen als solchen, zu einem *Philosophen* zu werden und einer zu sein, d.h., *sich selbst und alles in der Welt in die Perspektive des Weltganzen zu stellen und daraus in Bezug auf sein Selbstsein die Konsequenzen zu ziehen.*

Dabei geht es *nicht* darum, den Unterschied zwischen „Sein" und „Schein" aufzuheben. Der Abstand zwischen beiden betrifft gewissermaßen die Oberfläche des individuellen menschlichen Daseins, wo der „Schein" durch die Mitmenschen als „Sein" gedeutet werden kann und oft auch soll. Hier dagegen geht es darum, zu bestimmen, was in jedem individuellen Menschen als Individuum und als Mensch hinsichtlich des Selbstseins möglich ist: Es ist eine Ebene, auf der der Einzelne sich allein mit sich selbst befindet, also eine Ebene, wo die Rede vom Schein *gar keinen Sinn* hat.

Das einzige Schicksalhafte im Leben eines Menschen besteht darin, dass er nicht anders als er selbst sein kann: Er ist zum Selbstsein verdammt! In dieser Hinsicht können wir in Bezug auf die Frage über der „Nutzen" der Philosophie sagen, dass nicht das Bestehen der Philosophie, sondern ihr *Fehlen* der Rechtfertigung bedarf!

2. Wenn wir also von der spezifischen Verantwortung des Philosophen reden, so folgt aus dem bisher Gesagten, dass diese in erster Linie und vor allem im reflexiven Sinn zu verstehen ist: Es ist die Verantwortung gegenüber sich selbst, die in dem Appell **„Erkenne dich selbst, verwirkliche dich selbst, sei du selbst!"** zusammengefasst ist. Der Philosoph bleibt aber nicht bei sich selbst stehen. Und zwar deshalb, weil es um *die Wahrheit* geht: *Erstens* weiß er, „dass es gar nichts Unmögliches sei, sowohl im gemeinen Gespräche, als in Schriften, durch die Vergleichung der Gedanken, welche ein Verfasser über seinen Gegenstand äußert, ihn sogar besser zu verstehen, als er sich selbst verstand, indem er seinen Begriff nicht genugsam bestimmte, und dadurch bisweilen seiner eigenen Absicht entgegen redete, oder auch dachte."[13] Es ist also die Verantwortung *sich selbst gegenüber*, die ihn zum Hinwenden an seinen Mitmenschen drängt.

Zweitens verpflichtet ihn die philosophische Wahrheit über die Welt zu ihrer Mitteilung. Denn, wie bereits erwähnt, im Erblicken der Wahrheit liegt die Würde des Menschen. Es ist eine Beziehung zur Welt, in der der Mensch in der Selbsterkenntnis in jeder Beziehung frei ist; frei, weil er zur Verwirklichung dessen gelangen kann, was in ihm als Individuum und als Mensch möglich ist. *Die philosophische Erkenntnis als Weisheit ist die einzige Art der Erkenntnis, welche die Würde des Menschen nicht nur nicht verletzen kann, sondern die einzige, in der die Würde des Menschen zum Ausdruck kommt*, sofern er im Besitz der philosophischen Erkenntnis ist.

Diese moralische Dimension der Philosophie verpflichtet zur Verkündigung der philosophischen Wahrheit, sie macht aber den Philosophen *keinesfalls* zum Apostel der Wahrheit. Er ist verpflichtet, das, was er als Wahrheit erkennt, zu verkünden. Er ist aber *nicht* verpflichtet, Menschen nachzulaufen, um sie auf die Wahrheit aufmerksam zu machen oder sie sogar zur Annahme der Wahrheit zu drängen. Eine solche Haltung ist von Anfang an anti-philosophisch.

Wahrheit besitzt nur dann den obengenannten Wert, wenn sie als Wahrheit erkannt und anerkannt wird. Das ist eine der wichtigsten Botschaften des Sokrates: Menschen sollen und müssen selbst zur Erkenntnis der Wahrheit gelangen, sonst hat sie für sie gar keinen Wert. *Es ist die Pflicht eines **jeden** Menschen als Menschen, selbst nach der Wahrheit zu suchen*, jedoch nicht die Pflicht des Philosophen, ihn dazu zu drängen.

Die Tatsache, dass es sich in der Philosophie um *die* Wahrheit handelt und die Tatsache, dass die Autorität des Philosophen als Philosophen im Erblicken der gesamten Wahrheit gründet, macht ihn, abgesehen von der ursprünglichsten und fundamentalsten Verantwortung gegenüber sich selbst, in zwei anderen Hinsichten verantwortlich: *Erstens* wird eventuell nach seiner Einsicht *gefragt*, d.h., man sucht bewusst nach dem Einfluss des Philosophen und seiner Philosophie auf das Selbstverständnis und auf die Selbstverwirklichung. *Zweitens* hat er ein bestimmtes Maß an Verantwortung gegenüber seinen Mitmenschen im Bereich der Gesellschaft und des Staates als Rahmen der Selbstverwirklichung des Einzelnen. In beiden Fällen geht es um die *Menschenwürde der Mitmenschen* und in beiden Fällen geht es um **die** *Wahrheit* – einmal auf der Ebene des bewussten Versuchs der persönlichen Selbstverwirklichung und einmal auf der Ebene, wo die Wahrheit im Namen des Menschen, seiner Würde und seines Glückes gegebenenfalls missbraucht werden kann. In beiden Fällen wird der Philosoph gefordert, einerseits nicht gleichgültig zu sein, andererseits aber nicht zum Unterdrücker oder zum Helfer von solchem zu werden.

Was den ersten Fall betrifft, so besteht die Verantwortung des Philosophen darin, dass er versteht, dass es in erster Linie nicht das Interesse an seiner Person ist und nicht in seiner Persönlichkeit gründet ist, sondern es das Interesse an der Wahrheit ist, die gesucht wird: *Das, was gesucht wird, besteht in der Identität zwischen der Wahrheit, die in der Philosophie eines bestimmten Philosophen zum Ausdruck kommt und der Wahrheit des individuellen Menschseins.* **Das ist die Identität zwischen Theorie und Praxis**, die nur in der Philosophie (oder in der Religion) erreicht werden kann.

Diese Identität besteht nicht einfach darin, dass man das Leben nach einem Katalog von Grundsätzen ausrichtet und führt, sondern sie besteht in der Selbsterkenntnis, in der Selbstverwirklichung und in dem Selbstsein des Individuums. Nur so kann das Individuum seine Lebensfragen, die Fragen, die aus seinem individuellen Wesen entspringen, seinem Wesen nach beantworten. Was diejenigen suchen, die Philosophie suchen, ist *Lebenspraxis auf philosophischer Grundlage. Das starke Bedürfnis nach Selbstverwirklichung und nach wahrem Dasein,* was heute mehr denn je bei so vielen Menschen aller Altersgruppen so deutlich zu erkennen ist, *zeigt, dass Philosophie zum Menschen als Menschen gehört, und insofern eine Lebensnotwendigkeit darstellt.*

Da, wo Philosophie lebendig ist, da ist sie auch von der Art, dass sie Menschen im Innersten bewegt. Dies im richtigen Sinn zu verstehen und diejenigen zu unterstützen, die derartige Orientierung suchen, jedoch ohne gleichzeitig geistige Tyrannei auszuüben, darin besteht die erste der ursprünglichsten und fundamentalsten Verantwortungen, die aus der Verantwortung des Philosophen sich selbst gegenüber abgeleitet wird.

3. Wenn von der Verantwortung des Philosophen als Philosophen die Rede ist, meint man in der Regel das, was oben als der zweite Fall der abgeleiteten Verantwortung verstanden wurde, nämlich das, was wir das Engagement des Philosophen im gesellschaftlichen und im politischen Bereich genannt haben. Wie kann und muss nun dieses Engagement des Philosophen verstanden werden? Um auf diese Fragen eine angemessene Antwort geben zu können, müssen wir uns zunächst fragen, ob überhaupt eine innere Verbindung zwischen der Philosophie und dem gesellschaftlichen und politischen Bereich besteht, und inwiefern, wenn überhaupt, und in welchem Maße die Philosophie dann als autoritative Instanz in Bezug auf diesen Bereich verstanden werden kann. Denn nur in einem solchen Fall kann die Rede von einer spezifischen Verantwortung des Philosophen in diesem Bereich, im Unterschied zu der Verantwortung eines jeden anderen Mitglieds der Gesellschaft, einen Sinn haben.

Was die immanente Verbindung zwischen Philosophie und dem gesellschaftlichen und politischen Bereich betrifft, besteht diese in der Tatsache, dass dieser Bereich den Rahmen darstellt, in dem sich die Verwirklichung des Individuums vollzieht, und in dem das Selbstsein zu seiner vollen Bedeutung kommt beziehungsweise kommen kann. Das bedeutet einerseits, dass überhaupt das Bestehen dieses Bereichs, andererseits aber die Kriterien zur Beurteilung dessen, was und wie alles in ihm geschieht, philosophisch bestimmt wird und philosophische Rechtfertigung benötigt. Diese philosophische Rechtfertigung für das Bestehen dieses Bereichs ist nicht einfach dadurch bedingt, dass das Bestehen dieses Rahmens das individuelle Menschsein ermöglicht, sondern dadurch, *unter welchem Gesichtspunkt* das ermöglicht und unterstützt wird. Die Autorität der Philosophie in Bezug auf diesen Bereich betrifft also nicht nur dessen Bestehen an sich, sondern darüber hinaus die Art dieses Bestehens und seine Ziele.

Das oben Gesagte bedeutet jedoch keinesfalls, dass die Philosophie die Rolle einer Gesellschaftskritikerin ausüben soll. So gesehen wäre sie wie die Eule der Minerva, die erst bei beginnender Dämmerung ihren Flug beginnt, d.h. das Geschehen immer nur kommentierend abschließt. Die Wirklichkeit im gesellschaftlichen Bereich stellt kein fertiges Gebilde dar, sondern sie ist das, was *wir* aus ihr machen. Die Philosophie sucht die konstituierenden Elemente dieser Wirklichkeit aus der Grundlage der Gesamtwirklichkeit zu entwickeln. *Es ist das systematische Ausdenken einer sozialen Wirklichkeit, die aus der Wahrheit lebt*, d.h. eine Wirklichkeit, welche *der wahren Natur des Menschen und seiner Würde angemessen ist.*

Die Philosophie, *die wahre Philosophie, stellt keine passive und bloß kontemplative Einstellung zur sozialen Wirklichkeit dar, sondern sie will konstituieren, gestalten und verändern!* Dies aber *nicht* unter dem Gesichtspunkt der Verwirklichung von besonderen Zielen, sondern unter dem Gesichtspunkt des Ganzen, also *der* Wahrheit. Diese Wahrheit enthält auch die Wahrheit über den Menschen als solchen und über die ihm angemessene gesellschaftliche Ordnung. *Nur der Philosoph kann in der Lage sein, indem er alles in der Welt – einschließlich des Menschen – in die Perspektive der Wirklichkeit im Ganzen stellt, die Grundbedingungen einer dem Menschen angemessenen gesellschaftlichen Existenz zu nennen.*

Die Tatsache, dass die Philosophie alles in der Welt in die Perspektive der Wirklichkeit als Ganzes stellt, *unterscheidet sie von der Ideologie und macht es unmöglich, dass sie zu einer solchen wird.* Ideologie ist im Sinne von R. Lauth eine *scheinwissenschaftliche* oder *scheinphilosophische* **Interpretation** der Wirklichkeit *im Dienste einer gesellschaftlichen Zielsetzung*, die sie rückläufig legitimieren soll. Das heißt, hier besteht der Bezug auf das Ganze, aber in *umgekehrter* Richtung: Es ist die Stellung des Ganzen in der Perspektive von bestimmten gesellschaftlichen Zielsetzungen oder Werten. Daher ist es eine *Interpretation* der Wirklichkeit und *keine Erkenntnis* derselben, was zur Folge hat, dass *in der Ideologie der Bezug auf Wahrheit im eigentlichen Sinne fehlt.*

Wenn eine Gruppe von Vorstellungen *erstens* ein bestimmtes Bild der gesellschaftlichen Wirklichkeit darstellt und *zweitens* bestimmte Ziele und Werte stellt, nach deren Verwirklichung die Gesellschaft streben soll oder die sie, wenn sie schon Wirklichkeit sind, erhalten soll, wenn also diese Gruppe von Vorstellungen gedanklich im Zusammenhang mit einer gesamten Weltauffassung entwickelt ist, dann heißt sie *„Ideologie".* Wesentlich für die Ideologie ist nicht nur ein allgemeines Interesse an den Angelegenheiten von Gesellschaft und Politik, sondern die Absicht, das Handeln eines *jeden* Mitglieds der Gesellschaft zu bestimmen. Die Weltauffassung, die eine Ideologie darstellt, betrachtet alles in der Welt aus der Perspektive von den zu verwirklichenden oder zu erhaltenden gesellschaftlichen und politischen Zielsetzungen und Werten, was das konkrete Zeichen für das Fehlen eines jeden Bezugs auf Wahrheit im eigentlichen Sinne ist. Hier wird der Versuch unternommen, nicht nur die gesamte Wirklichkeit und die Vielfältigkeit ihrer Erscheinungen mittels Kategorien eines bestimmten Bereiches der Wirklichkeit zu *interpretieren*, sondern diesen Bereich selbst in die Perspektive von *bestimmten verabsolutierten Werten* und in den Dienst der von ihnen abgeleiteten Zielsetzungen zu stellen. Der konkrete gesellschaftliche und politische Ausdruck eines solchen Totalitätsanspruchs von verabsolutierten Werten, welcher der Ideologie wesentlich ist, ist der *Totalitarismus*. Und damit sind wir wieder bei dem Begriff der Verantwortung.

4. Wir haben am Ende des zweiten Paragraphen betont, dass Philosophie keine passive und bloß kontemplative Einstellung zur sozialen Wirklichkeit darstellt, sondern dass sie konstituieren, gestalten und verändern will, dies jedoch nur unter dem Gesichtspunkt des Ganzen der Wahrheit. Was bedeutet das in Bezug auf das mögliche Engagement des Philosophen auf politischem Gebiet?

Es bedeutet zunächst *Enthaltung*: Die Philosophie stellt in Bezug auf politische und allgemeingesellschaftliche Auseinandersetzungen *keine* eigenständige Entscheidungsinstanz dar. Der Philosoph sollte sich davor hüten, sich einzumischen und ein apodiktisches Urteil über eine *konkrete* Situation abzugeben, von der er eigentlich nur eine sehr begrenzte Kenntnis hat. Aber selbst wenn er die notwendigen Kenntnisse besäße, so wäre die konkrete Wirklichkeit in dem Maße komplex, als eine *rein philosophische* Analyse, gleich wie man Philosophie definiert, nicht im Stande wäre, die Zusammenhänge einer konkreten Situation zu verstehen: Es gibt auch andere Gesichtspunkte als die philosophischen, die für die Beurteilung und Bestimmung der konkreten politischen und gesellschaftlichen Wirklichkeit relevant sind. Das bedeutet, dass es viele wichtige Fragen gibt, zu denen der Philosoph *als solcher* nicht angemessen Stellung beziehen kann.

Abgesehen davon, besteht das Gebot zur Enthaltung darin, dass der Philosoph *als solcher* sich davor hüten sollte, sich „zur Verfügung" zu stellen, indem er Aufrufe und Petitionen unterschreibt, an Demonstrationen teilnimmt und dergleichen weiter. Denn diese werden von Leuten entworfen und veranstaltet, die durch rein politische, religiöse oder andere einseitige oder begrenzte Interessen, bestimmte Vorstellungen und Motivationen geleitet sind. Der Grund für die Enthaltung besteht nicht darin, dass die gestellten Zielsetzungen und die repräsentierten Werte nicht erhaben genug wären. Das Problem besteht in der *Begrenztheit des Zusammenhangs* und in der *Einseitigkeit der Art*, in der diese vorgestellt und verstanden werden. Der Philosoph dagegen stellt alles in den *weitesten Zusammenhang überhaupt*, nämlich in den Zusammenhang des Ganzen der Wirklichkeit. Dieser Unterschied ist kein formaler Unterschied von bloß „theoretischer" Bedeutung. Denn nur durch die Betrachtung des Menschen aus dem Gesichtspunkt des Ganzen der Wirklichkeit lässt sich überhaupt sein Wesen bestimmen und damit auch sagen, was dem Menschen als Menschen im Hinblick auf die politische und gesellschaftliche Ordnung angemessen ist. Das heißt, nur so lässt sich überhaupt bestimmen, was Werten ihren Wert oder ihre Gültigkeit verleiht und was Zielsetzungen ihre Rechtfertigung gibt.

Wie sollte man angesichts der Tatsache, dass sich letztlich alles in der Politik entscheidet, dieses Gebot zur Enthaltung verstehen, wenn sie nicht als bloße Unfähigkeit auf der einen Seite und völlige „Nichtzuständigkeit" auf der anderen verstanden werden will? Bedeutet sie etwa, dass der Philosoph ein „apolitischer Intellektueller" sein soll, eine Art „neutrale Instanz", die „das Gebot der Stimmenthaltung" ausüben soll? Ein solcher sicherlich nicht, denn der sogenannte apolitische Intellektuelle ist genau das Gegenteil von dem, was ein Philosoph sein soll. Während die Enthaltung des apolitischen Intellektuellen allzu oft Ausdruck seiner Flucht vor jeder Verantwortung ist, ist die Enthaltung des Philosophen Ausdruck seiner eigentümlichen Verantwortung. Abgesehen davon wird die Enthaltung des Philosophen durch eine aktive Rolle, zu der er als Philosoph verpflichtet ist, ergänzt. Apolitischer Intellektualismus ist Ausdruck der Ohnmacht, der Feigheit und des Opportunismus von Menschen, die im Nachhinein das gerne bekämpft hätten, womit sie zunächst kooperierten. Die Enthaltung des Philosophen in den hier gemeinten Fällen stellt deshalb ein Gebot dar, weil der Philosoph im Namen *der* Wahrheit spricht, d.h. im Namen dessen, was für sich universelle Gültigkeit beansprucht. Er muss sich daher *erstens* der Grenzen der Autorität der Philosophie und der philosophischen Analyse bewusst sein und *zweitens* darf er auf gar keinen Fall zulassen, dass sein Name als Siegel der Legitimation für rein politische oder andere einseitige oder sonstige begrenzte Interessen dient.

So gesehen, ist dieses Gebot als absolut zu verstehen, und zwar nicht nur in dem Sinne, dass es keine Ausnahme duldet, sondern hauptsächlich in dem Sinne, dass die Tatsache des Philosoph–Seins keine Eigenschaft einer Person ist, sondern sie bezeichnet die Person selbst als Ganzes. Oder anders ausgedrückt: Der Philosoph ist *nicht* ein Bürger eines Staates *und auch* ein Philosoph, so dass er als Bürger das tun darf und soll, was er als Philosoph nicht tun darf oder umgekehrt. Für ihn ist diese Möglichkeit nicht vorhanden, weil die Pflichten eines Bürgers, wenn man sie genau betrachtet, Teil der Pflichten des Philosophen sind.

Denn was heißt eigentlich in diesem Zusammenhang „Pflichten eines Bürgers als Bürger"? Im *negativen* Sinne bedeutet das die Pflichten des einzelnen Menschen als Bürger eines *Staates*; in diesem Sinne ist der Staat höher eingestuft als der Einzelne. Im *positiven* Sinne bedeutet das die Pflichten und Verpflichtungen des Staates dem Bürger als *Menschen* gegenüber zu betonen und auf ihre Realisierung durch die Bürger als ihre Pflicht zu bestehen: *Die Pflichten des Bürgers im positiven Sinne sind Pflichten eines Menschen, der versteht, dass die Pflichten des Staates dem Bürger als Menschen gegenüber viel höher eingestuft sind als die Pflichten des Bürgers als bloßen Staatbürgers eines Staates dem Staat gegenüber.* Und genau hier, an diesem Punkt, wo es um den Menschen als Menschen geht, gilt die Autorität des Philosophen und hier ist deshalb der Punkt, wo die aktive Seite der Verantwortung des Philosophen im politischen und gesellschaftlichen Bereich aktuell wird.

Die Tatsache, dass die Bezeichnung „Philosophie" für die Erkenntnis der Wirklichkeit als Ganzes und insofern für *die* Wahrheit über Welt und Mensch steht, stellt die Philosophie von vornherein auf eine Ebene, die wir in diesem Zusammenhang als die Ebene der universellen Prinzipien bezeichnen können. Es handelt sich auf dieser Ebene nicht um Bestimmungen und Bewertungen von besonderen Zielsetzungen, sondern um Prinzipien, die Bestimmungen, Bewertungen und Zielsetzungen überhaupt möglich machen. Hier, *auf dieser Ebene* vollzieht sich die systematische Bestimmung des Wahren, des Guten, des Schönen und des Heiligen.

Was den individuellen Menschen betrifft, handelt es sich hier um die Entscheidung der Frage nach der Vollendung des Menschseins und um den Rahmen, der diesem Ziel angemessen ist. Auf dieser Ebene folgt die Entscheidung über die Bedeutung von Begriffen wie „Menschenwürde", „Menschenrechte", „Gerechtigkeit", „Freiheit" usw. Für den Philosophen bedeutet das, dass er sich, wenn er in den Fällen, bei denen es um Verletzung von universellen Prinzipien geht, in Enthaltung übt, an einem unentschuldbaren

Verstoß gegen diese Prinzipien mitschuldig macht. Wenn wir vorher von dem *Gebot* zur Enthaltung gesprochen haben, so ist hier von dem *Verbot* der Enthaltung die Rede.

Charakteristisch für die Ebene der sogenannten universellen Prinzipien ist die Tatsache, dass sie alles, und in diesem Fall die Menschen, in den Rahmen der Gesamtwirklichkeit stellt. Das heißt, die Bestimmung des Wesens des Menschen vollzieht sich aus der Perspektive der Wahrheit: Im Erblicken der gesamten Wahrheit gründet sich die Autorität des Philosophen und die Normen, die der Philosoph anwendet, werden nicht nach seinem persönlichen Geschmack bestimmt, sondern sie gründen in dieser gesamten Wahrheit. Es ist diese Betrachtung der Dinge aus der Perspektive des Ganzen der Wirklichkeit, die das Gebot zur und das Verbot der Enthaltung jeweils legitimiert. Sowohl bei dem Gebot zur Enthaltung wie auch bei dem Verbot der Enthaltung seitens des Philosophen handelt es sich um Fälle, wo es einerseits um die *Relativierung* der gesamten Wahrheit und andererseits um die *Verabsolutierung* von Einzelgedanken in Form von Werten und Zielsetzungen und ihre Erhebung zum Status des Ganzen der Wahrheit geht, die alles legitimiert, was durch diese verabsolutierten Werte oder Ziele legitimiert werden soll.

5. Was die Enthaltung von dem Engagement betrifft, so haben wir gesehen, dass der Philosoph sich davor hüten soll, als eine Art „Siegel der Wahrheit" je nach Bedarf missbraucht zu werden: einmal relativiert und einmal verabsolutiert, auf jeden Fall im Namen der Wahrheit legitimiert. Hier ist also *der Philosoph selbst* aufgerufen, sich seines Engagements zu enthalten, damit *er* nicht missbraucht wird. Beim Gebot zum Engagement ist der Philosoph aufgerufen, sich zu engagieren, um zu versuchen, *das Bewusstsein der anderen*, besonders derjenigen, die Einfluss auf Politik und Gesellschaft haben, hinsichtlich der Wahrheit zu sensibilisieren.

Das bedeutet: *Der Philosoph darf nicht weltfremd sein und sich in einen Elfenbeinturm zurückziehen!* Damit ist aber nicht gemeint, dass der Philosoph sich in einen Wachturm einschließen muss, um Tag und Nacht „aufzupassen". *Der einzige legitime Weg*, der für den Einfluss des Philosophen offen bleibt, ist der Weg der Aufklärung, d.h. das Sich-an-die-Vernunft-des-Menschen-Wenden. Das ist der einzige legitime Weg, denn auf jedem anderen Weg, so die Folge, verzichtet er von vornherein darauf, Menschen durch *Erkenntnis der Wahrheit* zu überzeugen und sie zu ihr hinzuführen. Damit aber macht er sich zum potentiellen oder sogar, je nach den Umständen, zum tatsächlichen Unterdrücker beziehungsweise zu dessen Handlanger oder dessen Helfershelfer.

Der Wert des Engagements des Philosophen in der Form der Aufklärung besteht zwar nicht bloß in dem Erwerb einer philosophischen Lehre, sondern in deren *Wirkung. Diese Wirkung selbst besteht jedoch gerade darin, dass die Wahrheit als solche erkannt wird: Diese Wirkung der philosophischen Lehre besteht in der Orientierung in der Welt, die sie möglich macht.* Diese Orientierung kann *nur* durch philosophische *Erkenntnis* der Wirklichkeit und die damit verbundene Selbsterkenntnis gewonnen werden. Ohne diese Erkenntnis sind weder Selbstverwirklichung noch Selbstsein im eigentlichen Sinne möglich. Da das Glücklich-Sein, wonach jeder Mensch eigentlich strebt, durch die Möglichkeit und durch den Grad der Selbstverwirklichung bedingt ist, kann es auch nicht ohne die philosophische Orientierung in der Welt Wirklichkeit werden.

Im politischen und gesellschaftlichen Bereich kommt diese Orientierung dadurch zum Ausdruck, dass sie die Bestimmung der Bedingungen ermöglicht, unter denen die Möglichkeit der Konstitution des angemessenen Rahmens für die individuelle Selbstverwirklichung und für das wahre Selbstsein gegeben sind. Es geht hier also um Bestimmungen, die aus der Erkenntnis des Menschen und aus der Bestimmung seiner Stellung in der Wirklichkeit im Ganzen folgen, Bestimmungen, für die Begriffe wie z.b. „Menschenwürde", „Menschenrecht", „Freiheit" und dergleichen stehen, Begriffe, die inzwischen fast zu leeren Worten geworden sind. Gerade diese Tatsache hebt die Verantwortung des Philosophen hervor und macht sein Engagement mehr denn je erforderlich.

Hinsichtlich des möglichen Engagements des Philosophen im politischen und gesellschaftlichen Bereich besteht das Hauptproblem nicht einfach darin, die richtige „Strategie" zu finden, sondern es besteht vielmehr darin, dass *die Philosophie selbst heute nicht als ernst zu nehmender Faktor betrachtet wird.* Der Grund dafür ist der Zustand der Philosophie selbst: *Sie wird mit der Universitätsphilosophie identifiziert.* Sie wird als ein akademischer Fachbereich betrachtet, der zwar manches Interessante zu bieten hat, jedoch nichts *Wichtiges* und schon gar nichts *Lebenswichtiges* beziehungsweise *Lebensnotwendiges.* Dabei *brauchen* die Menschen die Philosophie und suchen nach ihr – auch wenn sie sich nicht immer bewusst sind, dass das, was sie suchen, in Wirklichkeit *philosophische Orientierung* heißt.

Hier ist der Punkt, wo der Philosoph den Kontakt mit denen suchen sollte, auf die er durch Aufklärung wirken will. Um dieses Ziel zu erreichen, genügt es aber nicht, dass der Philosoph seine Arbeiten veröffentlicht. *Seine Arbeiten müssen dem denkenden Menschen zugänglich sein.* Damit ist aber nicht gemeint, dass die Philosophie selbst mittelmäßig gestaltet sein muss; *es geht hier nicht um den Inhalt, sondern um die Art der Darstellung. Im Gegenteil:* Weil seine Arbeit dem denkenden Menschen zugänglich sein muss, ist seine Verantwortung umso stärker betont, d.h., diese Arbeit und ihre Bestimmungen müssen *eindeutig und präzise* sein. Die Verantwortung des Philosophen besteht *nicht* darin, den Durchschnittsmenschen zum überdurchschnittlichen zu machen. Sie besteht vielmehr darin, *ihn aus der Enge seiner gefährlichen Naivität zu befreien*, gefährlich für ihn und für andere. *Dafür muss er aber selber etwas tun*: Er muss diese Befreiung *wollen* und die *angemessenen* Schritte unternehmen, damit diese Freiheit sein Dasein prägen und ausdrücken kann.

Zusammenfassend können wir sagen, die Tatsache, dass die Philosophie keine bloß kontemplative Einstellung zur Wirklichkeit darstellt, bedeutet *nicht*, dass der Philosoph die Kooperation mit politischen Kräften suchen soll, um die Wahrheit politisch und gesellschaftlich zu verwirklichen. *Im Gegenteil: Das darf er auf gar keinen Fall tun.* Die politische Instanz, wenn man sie für sich betrachtet, stellt keine primäre Instanz dar. *Die einzige primäre und legitime Instanz in der Politik und in der Gesellschaft sind die Bürger der politischen Gemeinschaft. Sie sind es, an die der Philosoph seine Worte richten soll* – und nicht an die Politiker, auch wenn es scheint, dass man so „besser ans Ziel kommt".

Politiker, die eine primäre Instanz darstellen, sind Diktatoren, und der Philosoph sollte sich davor hüten, mit diesen im Namen der Wahrheit passiv oder gar aktiv zu kooperieren: **Das wäre die Bankrotterklärung seiner Philosophie!** Denn das würde bedeuten, dass diese Philosophie, die ein falsches Menschenbild und falsche ethische Normen gezeichnet hat, unfähig ist, sich selbst kritisch zu betrachten und eventuell ihre Bestimmungen zu korrigieren.

Der einzige legitime Weg zur Verwirklichung und Veränderung im Namen der Wahrheit im gesellschaftlichen und politischen Bereich, der dem Philosophen offen steht, ist die Aufklärung der Mitglieder der politischen Gemeinschaft. Darum ist es so wichtig, dass er danach strebt und versucht, seine Arbeit diesen Mitgliedern auch zugänglich zu machen. Denn das weiß der Philosoph: „Der Gedanke...ist eine Seele, und er lässt keine Ruhe bis wir ihm seinen Leib geben, bis wir ihn zur sinnlichen Erscheinung gefördert haben. Der Gedanke will That, das Wort will Fleisch werden… *Die Welt ist Signatur des Wortes.*" (H. Heine). Die Stärke und die Macht der Philosophie liegen darin, dass sie objektiv sagen kann, was *wahr* ist; und ihre Bedeutung für alle und damit ihr Einfluss auf alle wird umso größer sein, je angemessener, also eindeutiger und präziser sie dies auch formuliert.

Damit erreicht die Verantwortung des Philosophen ihren Höhepunkt: ***Eindeutigkeit und Genauigkeit der Bestimmungen und Darlegungen schaffen Durchsichtigkeit!*** Diese Transparenz ermöglicht jedem Denkenden den Zugang und die Überprüfung der Bestimmungen, besonders aber dem Philosophen, der sein System als System der Erkenntnis der Wahrheit vorstellt.

VIII. WAHRHEIT UND TOLERANZ[39]

1. Die bekannte Tatsache, dass die Angehörigen des Menschengeschlechts, also alle Menschen ohne Ausnahme *keine* homogene Gruppe ausmachen, verlangt nach *Möglichkeiten des Ausgleichs und der Ent-Spannung der aus dem menschlichen Wesen* folgenden ursprünglichen Heterogenität. Diese ursprüngliche menschliche Heterogenität ist schon zwischen zwei Personen klar wahrnehmbar und sie wird immer deutlicher und die Spannung wird immer stärker je größer der Kreis der Personen wird – bis hin zur gesamten Menschheit.

Die Gründe für die Spannungen, die die Heterogenität der Menschen mit sich bringt, sind vielfältig. Ethnische Zugehörigkeit, Religionszugehörigkeit, Meinungen und Überzeugungen, Hautfarbe, Geschlecht, Gestalt und im Allgemeinen all das, was Menschen voneinander unterscheidet, ist Quelle des Grundes der „Unverträglichkeit" von Menschen untereinander.

Wenn das *Bestehen* des Anders-Seins des Anderen – gleich in welcher Hinsicht – zum Grund der Spannungen zwischen Menschen wird, unter welchen Bedingungen dürfte das Anders-Sein des Anderen *kein* Problem darstellen? Hauptsächlich dann, wenn die Unterschiede zwischen Menschen, die zur Spannung führen, *nicht* mit dem Bewusstsein der Angst, der Unsicherheit, der unüberbrückbaren Gegensätze oder gar mit dem Bewusstsein einer der Varianten der existentiellen Bedrohung verbunden sind. Der Grad der Spannung und die

---

[39] Vgl. dazu: System II, S. 89ff

Möglichkeit, sie zu überwinden, haben mit der *Art der Orientierung* zu tun, die die Einstellung der Menschen zueinander bestimmt.

Dabei müssen wir zwischen zwei grundsätzlichen Arten der *Orientierungssuche* unterscheiden: Die eine Art betrifft die *Frage nach dem Wesen **der** Wahrheit,* die Frage nach den unterschiedlichen Ausdruckformen der Wahrheit wie die Frage nach der Möglichkeit der Ko-Existenz verschiedener oder gar gegensätzlicher Wahrheitsauffassungen. Hier geht es um Anstrengungen, die *wahre* Beschaffenheit der Wirklichkeit zu klären und dementsprechend zu bestimmen, was *wirklichkeitsmäßig* ist und welche Folgen die dabei gewonnenen Erkenntnisse für den Menschen und für sein Leben haben, und was für das persönlich geführte Leben grundsätzlich angemessen ist.

Die zweite Art der Orientierung richtet sich *nicht* nach dem Versuch, sich an der *objektiven Wahrheit* zu orientieren, sondern zieht lieber die **eigene** *Wahrheit* vor. In diesem Fall der Orientierung wird *nicht geklärt,* sondern behauptet und buchstäblich *ein-deutig* bestimmt. Hier wird eine persönliche *Meinung* nicht bloß in den Rang von Wahrheit erhoben, sondern als *Wirklichkeit* bestimmt.

Der Unterschied zwischen diesen zwei Arten der Orientierungen ist *absolut* in seiner Gültigkeit: Die erste Art sucht **das gemeinsame Wahre** und will es **als das Wesentliche** betonen, die zweite Art der Orientierung betont **das Trennende** und will es **als das End-Gültige** bestimmen.

Offenbar haben diese zwei Arten der Orientierung zwei unterschiedliche Quellen, die in zwei unterschiedliche Richtungen führen: Die eine Richtung ist geprägt von der *Auseinandersetzung mit der Wahrheit* und mit ihrem Verständnis, aber auch von der Klärung der *Möglichkeit der Koexistenz verschiedener oder gar gegensätzlicher Auffassungen davon geprägt, was als Wahrheit verstanden wird und bestimmt ist.* Die zweite Richtung orientiert sich an der Bereitschaft zur *Annahme von Menschen*, aber auch von der Klärung der *Bereitschaft zum Zusammenleben mit Menschen, die als „andere" in bestimmter Hinsicht (negativ) abgestempelt sind.*

Im ersten Fall sind wir konfrontiert mit der Problematik der Folgen des *Anspruchs auf die endgültig inhaltlich bestimmte Wahrheit*, etwa in der Religion oder in der Politik. Im zweiten Fall haben wir es mit der Auseinandersetzung mit dem Problem der *Vorurteile* und der *Diskriminierung* zu tun.

Beide Fälle, wie auch deren Folgen, unterscheiden sich auf eine grundsätzliche Weise. Werden die beiden oben genannten Einstellungen überwunden, so ist die erreichte „Verträglichkeit" nicht der Ausdruck von persönlicher Schwäche und schon gar nicht Ausdruck von Gleichgültigkeit anderen Menschen oder bestimmten Ideen gegenüber, sondern im Gegenteil, die *bewusste* Legitimation des Anders-Sein des Anderen, oder die bewusste, *aktive* Annahme dessen, was zunächst als unerträglich oder als inakzeptabel abgelehnt wurde.

Diese *bewusste* Legitimation und diese *bewusste aktive* Annahme nennt man **Toleranz**. Es handelt sich um die Haltung eines Menschen, der bereit ist, das, was er abgelehnt hatte, anzunehmen, ohne zu versuchen, es zu unterdrücken. Gemeint ist *nicht die Bestätigung der Richtigkeit* dessen, was er ablehnte, auch *nicht die Gleichgültigkeit* dem gegenüber, was er ablehnte. Es handelt sich um die Haltung eines Menschen, der bereit ist, andere Auffassungen als er zu vertreten, sogar solche, die er ablehnt, gewähren zu lassen. Es ist auch die *Auseinandersetzung* mit den *eigenen Vorurteilen* und mit der *eigenen Voreingenommenheit*, die einen Menschen daran hindern, das Anders-Sein des Anderen anzunehmen.

2. Der Versuch, das bewusste, aktive Wesen der Toleranz zu verstehen, das in der Bereitschaft und in der Kraft besteht, eben das zu ertragen und das anzunehmen, was zuvor unerträglich und inakzeptabel war, aber auch in der Lage zu sein, das anzunehmen, was zuvor als falsch und unbegründet galt, führt uns zur **Freiheit** des Menschen. Es ist **die Freiheit, in der sich diese Bereitschaft gründet und die der Toleranz ihr aktives Wesen verleiht.**

Die gemeinte Freiheit ist der Ausdruck der ursprünglichen Fähigkeit des Menschen zur Selbst-Bestimmung und ist insofern herausragender Ausdruck des Wesens des Menschen, also der Menschlichkeit. So gesehen ist Freiheit alles andere als Willkürlichkeit, denn die Freiheit bedeutet die Fähigkeit zu einer sehr definierten, gesetzmäßigen Art der Bestimmung, nämlich der besagten Selbst-Bestimmung des Menschen und zwar zu dem, was er konkret ist und zu dem, was er sehr konkret sein soll. So ist *Freiheit der Ausdruck des inneren Kerns der Person: Die Freiheit ist konkreter Ausdruck der individuellen, persönlichen Selbst-Verwirklichung.*

Die Haltung der Toleranz wie die Forderung nach Toleranz haben ihren Ursprung *einerseits* in der wesensmäßigen Fähigkeit des Menschen, zwischen Wahrheit und Unwahrheit, zwischen Wirklichkeit und Schein, zwischen Gut und Böse zu unterscheiden, um danach sein Leben auszurichten und zu führen.

Andererseits aber gründen die Haltung der Toleranz und die Forderung nach Toleranz in der Tatsache der grundsätzlichen

Begrenztheit bzw. Vorläufigkeit des menschlichen Bewusstseinshorizonts und in der Einsicht, dass diese Begrenztheit bzw. Vorläufigkeit Quelle von Irrtümern sind, die mit sich vielfältige Gefährdungen, Gefahren, Einschränkungen und Unterdrückungen aller Art für Menschen, Gemeinschaft und die Welt mit sich bringen.

Diese Haltung der Toleranz und diese Forderung nach Toleranz sind jedoch **auf gar keinen Fall** Ausdruck des „Rechts des Menschen auf Irrtum": *Gar kein Mensch* hat ein Recht auf Irrtum! *Das Recht auf Irrtum bedeutet nichts anderes als den Anspruch auf die* **Neutralisierung der persönlichen Verantwortlichkeit,** wobei die meisten Irrtümer schon an sich den Ausdruck von persönlicher Verantwortungslosigkeit darstellen. Der Irrtum ist eine menschliche Tatsache. Legitimieren oder bagatellisieren darf man ihn aber nicht.

Die Haltung der Toleranz und die Forderung nach Toleranz gründen vielmehr in *klaren Erkenntnissen* und in der *Gewissheit*, die in solchen Erkenntnissen zum Ausdruck kommt. Hier geht es **nicht um einzelne, unverbindliche Meinungen,** sondern **um eine umfassende, klare Auffassung von dem, was wahr, wirklich und gut** ist. Auf diese Weise ist die Grundlage für die Klärung der Frage **„Wem und was gegenüber sollen wir, dürfen wir tolerant sein?"** gegeben.

3. Die Forderung nach Toleranz sowie die Haltung der Toleranz beziehen sich also *nicht* auf Tatsachen und nicht auf Wissen, d.h., *nicht* auf etwas, worüber Information eindeutige Bestimmung ermöglicht („Die Erde ist das Zentrum des Universums", „Fluch der Pharaonen" und der gleichen), sondern ursprünglich auf Weltauffassungen, auf Auffassungen

bezüglich des menschlichen Wesens, auf persönliche Überzeugungen und auf Gewissensangelegenheiten.

Die Toleranz kommt in diesen Fällen nicht dadurch zum Ausdruck, dass man sich darüber verständigt, dass „alle recht haben" oder dass „die Wahrheit nicht erfahrbar ist" oder dass
jeder den anderen für „dumm" erklärt und sich erlaubt, ihn
deshalb zu ignorieren.

Die Forderung nach Toleranz ist *dann sinnvoll* und die Toleranz selbst *kommt dann zu ihrem eigentümlichen Ausdruck*,
wenn trotz aller Unterschiede eine **grundlegende Gemeinsamkeit** zwischen den sich tolerieren sollenden Parteien besteht.

Diese grundlegende Gemeinsamkeit ist jedoch nicht von der
Art, dass die grundsätzlichen Unterschiede äußerliche Ausdrücke der gleichen Wahrheit darstellen, oder dass diese Unterschiede Teile dergleichen Wahrheit sind. Es gibt auch weitere Varianten der Versöhnung zwischen grundsätzlichen
Unterschieden, die zwar an sich wünschenswert und unprob-
lematisch sind, *in solchen Fällen aber, da alles letztlich sich
auf das Gleiche bezieht, ist die Toleranz selbstverständlich*
und insofern die *Forderung nach Toleranz überflüssig*.

Gemeinsam für alle Toleranzauffassungen der obigen Art ist
der Versuch, die eine absolute Wahrheit zu relativieren und
dadurch den „Pluralismus" aller Wahrheiten zu begründen.
Wenn jedoch alles Wahre relativ ist, *wenn* jeder auf seine
Weise recht hat, dann ist Toleranz eine banale Sache.

Dabei wird jedoch die **Tatsache** ignoriert, dass **die Notwendigkeit des Toleranzgedankens gerade darin besteht, dass Auffassungen grundsätzlicher Art nicht
nur nicht identisch sind, sondern dass sie sich nicht
auf einander reduzieren lassen**.

Die Förderung des Toleranzgedankens und die Forderung nach Toleranz sind auf dem Hintergrund der Auffassung sinnvoll, die besagt, dass es eine *universale absolute Wahrheit* gibt. Das ist auch der unbewusste Hintergrund der unzähligen Vorurteile, wobei die „absolute universale Wahrheit" in diesem Fall die *eigene* ist.

Dabei müssen Wahrheit und Toleranz nicht im Widerspruch zueinander stehen. Es geht auch nicht darum, dass die beiden miteinander Kompromisse auf Kosten der einen oder der anderen oder beider schließen. **Wahrheit und Toleranz sind zwei Seiten ein und derselben Angelegenheit!**

4. Die Toleranz ist Ausdruck der Wahrheit, und die Wahrheit verpflichtet die Menschen zu Toleranz!
Was beide Begriffe – Wahrheit und Toleranz – jeweils mit Inhalt und Sinn erfüllt, kann nur die **Wirklichkeit** sein. Und die Wirklichkeit ist erkenntnismäßig mit der Wahrheit identisch.

„Toleranz", sagte Goethe, „sollte eigentlich nur eine vorübergehende Gesinnung sein: sie muß zur Anerkennung führen, dulden heißt beleidigen". Diese verlangte Anerkennung setzt die Fähigkeit zur Aufgeschlossenheit voraus. Diese Aufgeschlossenheit ermöglicht die Anerkennung des Anderen und des Anders-Sein des Anderen wie auch die Bereitschaft, sich ernsthaft mit dem Anderen und mit dem Anders-Sein des Anderen auseinanderzusetzen.

Und die **grundlegende Gemeinsamkeit**, die **notwendig** ist, damit die Rede von Toleranz überhaupt einen Sinn ergibt, heißt **Selbst-Verwirklichung**!

Die Anerkennung des Anderen und des Anders-Sein des Anderen wie auch die Bereitschaft, sich ernsthaft mit dem Anderen und mit dem Anders-Sein des Anderen auseinanderzusetzen, beinhalten die Erwartung, dass das Anders-Sein des Anderen Ausdruck des Wachstums des Anderen ist. *Die eigene Selbst-Verwirklichung ist mit der Erwartung bzw. mit der Überzeugung verbunden, dass jeder Mensch sich im gleichen Prozess befindet.*

Denn Selbst-Verwirklichung kann nur in Bezug auf und in Übereinstimmung mit dem Ganzen der Wirklichkeit vollzogen werden, also auch und vorerst in Bezug auf und in Übereinstimmung mit den Anderen. *Wer die Gründe seiner selbst in sich selbst findet, kann Wirklichkeit gestalten und weiß genau, welche Grenzen er dabei respektieren muss*: Es sind die Grenzen, die durch *die Wirklichkeit des Anderen eben in seinem Anders-Sein markiert sind.*

Die notwendige und ausreichende Voraussetzung der Selbst-Verwirklichung und des Selbst-Seins besteht in der Achtung der Würde des Menschen, was nichts anderes als die Achtung der Menschenrechte und die Konkretisierung der Solidarität und der Gerechtigkeit bedeutet.[40]

Die Anerkennung des Anderen und des Anders-Sein des Anderen wie auch die Bereitschaft, sich ernsthaft mit dem Anderen und mit dem Anders-Sein des Anderen auseinanderzusetzen verlangen eben diese Achtung der Würde des Menschen. *Die Authentizität des Lebens eines Menschen*

---

[40] Siehe System II, S. 49

schafft das Vertrauen zum Anderen, das in der Toleranz zum Ausdruck kommt.

Toleranz ist das Vertrauen in die Authentizität und in die Echtheit der Wirklichkeit des Anderen in seinem Anders-Sein. Diese Echtheit und diese Authentizität sind das, was diese Wirklichkeit ohne Einschränkung legitimiert – jedoch unter der Erwartung dergleichen Anerkennung und dergleichen Bereitschaft der Auseinandersetzung mit dem Anders-Sein des Anderen.

So verstanden ist Duldung des Anderen und des Anders-Seins des Anderen tatsächlich eine Beleidigung: *Die Duldung ignoriert den Anderen und sein Anders-Sein* und interessiert sich nur um das äußerliche in der Beziehung zueinander, um die Auseinandersetzung mit dem Anderen in seinem Anders-Sein zu umgehen: Der Andere wird so entweder zu einem zu überzeugenden Subjekt degradiert oder zu einer Gefahr hochstilisiert.

5. Den diametralen Gegensatz zum Toleranzgedanken stellt die schon erwähnte nationalsozialistische Rassenideologie dar, die das gesamte Register der Vorurteile bedient, die zur Ablehnung des Anderen in seinem Anders-sein „notwendigerweise" führen „müssen".

Dieser Ideologie ist es **tatsächlich** gelungen, **den Begriff der Wirklichkeit radikal zu ändern.** Viele Wissenschaftler in den unterschiedlichen Disziplinen, besonders aber in den „Humanwissenschaften" haben ernsthaft daran gearbeitet, dieses neue Wirklichkeitsbild weiterzuentwickeln und zu begründen.[19] Die Wunde in der Substanz der Menschheit die dabei geschlagen wurde, wird man nicht heilen können. Dieser Ideologie ist es gelungen, in die Wirklichkeit etwas hineinzusetzen, was man als *Negation des Menschlichen* nennen kann: Es ist die *Negation* all dessen, was *wahr, wirklich* und *gut* ist.

Genau das ist das Böse, und genau das ist es, was mit gewaltigen Anstrengungen in erstaunlich kurze Zeit und nicht ohne Erfolg versucht wurde, zur *endgültigen Verwirklichung* zu führen. *Das nationalsozialistische Projekt ist (nur vorerst?) gescheitert – die sehr konkrete Vision, die es angetrieben hatte, ist aber geblieben!*

Die Ideen der *wahren Annahme* und der *totalen Ablehnung des Anderen in seinem Anders-Sein* sind uns bekannt. Eine Formel oder ein Rezept der Toleranz gab es niemals, gibt es weiterhin nicht und wird es auch nicht geben. *Was uns fehlt, ist nicht der „richtige" Toleranzbegriff oder die „richtige" Toleranztheorie.* Davon haben wir mehr als genug. Was jedoch fehlt, was es geben könnte und sollte und weiterhin geben kann und geben soll, ist der *wahre, echte Wille zum authentischen, echten Leben in Selbst-Verwirklichung.*

6. Was das bedeutet, darauf haben wir schon genügend hingewiesen. Immer wieder wiederholt sich die Frage, was wir eigentlich noch benötigen, um endlich das zu sein, was wir sein sollen? Die Tatsache der *vollen Bibliotheken mit den unzähligen Schriften* über die unterschiedlichen Auffassungen des Wahren, des Wirklichen und des Guten einerseits, und andererseits die Tatsache des *konsequenten Absehens* eben vom Wahren, vom Wirklichen und vom Guten erweckt den Verdacht, dass wir in unserem intellektuellen Fortschritt

und trotz desselben an *tiefer Selbst-Vergessenheit* leiden, die in *konsequenter Menschen-Vergessenheit*
zum Ausdruck kommt.[41]

Die Gefahr dieser Krankheit soll nicht unterschätzt werden.
Die Generationen vor uns haben uns mit großem Opfer die
Freiheit geschenkt, die wir im Zuge dieser oben genannten
*Vergessen*skrankheit dabei sind, aufs Spiel zu setzen. Hier
geht es *nicht bloß* um den *Verlust der Freiheit*, was gegebenenfalls rückgängig gemacht werden könnte. *Hier geht
es vielmehr um das Scheitern der Freiheit!*

*Und das Scheitern der Freiheit wird nichts anderes
bedeuten, als die Versklavung des Individuums!*
Denn in ihr – in der Versklavung – wird sich das von der
Pervertierung der Freiheit und von der mit ihr verbundenen
ständigen Unsicherheit erschöpfte Individuum frei wähnen
und endlich seine ersehnte „Ruhe" finden.

Die Freiheit setzt menschliche Energie frei, die in Selbst-Verwirklichung der individuellen, persönlichen Menschlichkeit
eingesetzt werden sollte. Die Folge wäre dann die Stabilisierung und die Befestigung der Einheit der Gesellschaft und ihrer freiheitlichen Strukturen. Scheitert die Freiheit, also
scheitern wir, wird diese freigesetzte Energie in zerstöreri-
sche Individualisierungsprozesse einfließen, was uns dazu
bringen wird, *selbst dahin zu drängen, Ent-Freiungsstruk-
turen* zu schaffen, die in der Lage wären, diese extreme Indi-
vidualisierung zunächst zu bremsen, dann aber folgerichtig

---

[41]Vergleich dazu das Buch des Autors: Das Gebot Auschwitz zu überle-
ben, Köln 2000

die **Quelle des Übels**, also **das Individuum selbst** „auf-zufangen", was nichts anderes bedeuten würde, als die **Ver-sklavung des Individuums**.[42]

Unser Problem beginnt damit, dass wir die so genannte ne-gative Freiheit mit der so genannten positiven Freiheit gleichsetzen.[43] So gelingt es uns, alles Wahre und alles Gute zu **privatisieren**, was die Erkenntnis des Wirklichen ver-fälscht. **So wird persönliche Willkürlichkeit zur „wahren persönlichen Freiheit"**.

Die Energie, der in der Steigerung einer Einstellung inves-tiert wird, dessen Wesen in der **Bestimmung von nur per-sönlich geltenden Werte und Maßstäbe** besteht, er-zeugt Ego-Zentren, die alles, was wahr und gut ist, pervertie-ren und zu endlosen Auseinandersetzungen führen. Dieser Zustand unterscheidet sich in einem nur einzigen Schritt bis zur „ tiefen Einsicht", dass die **„wirkliche Freiheit" nur im Zustand des „ewigen Friedens"** zu finden ist. In die-sem Zustand **genießen die Menschen angeblich nicht nur wirkliche Freiheit, sondern auch Solidarität, Gerechtigkeit und Toleranz: In ihm sind die Men-schen „wirklich glücklich"!**

Das Geheimnis dieses Zustandes besteht allerdings in der *to-talen Entspannung, die in der* **Entkleidung der Person von jeglicher Art von persönlicher Verantwortung** besteht, was aber nichts anderes als **Sklaverei** bedeutet! Das **besonders Tragische** dabei wird nicht bloß darin be-

---

[42] Vgl. ebd. die entsprechenden Stellen

[43] Vgl. System II, §26

stehen, dass die Menschen zu diesen Zustand der „Glückseligen" *selbst* drängen, sondern dass *viele, zu viele Menschen in diesem Zustand* **wirklich** *glücklich sein werden.*

Ist dieser Zustand der ersehnten *„Glückseligkeit"* erreicht, die in Wahrheit in der **Verantwortungslosigkeit** besteht, so beginnt die Stabilisierung dieses Zustandes durch *die „Überwindung" des Individuums*, ein Vorgang, von dem schon Literatur, Theater und Film ein deutliches Bild gezeichnet haben: Es ist „das erschreckende Bild einer durch und durch totalitären Gesellschaft, die bis ins letzte Detail durchorganisierte Tyrannei einer absolut autoritären Staatsmacht".[44]

Die Vision ist nicht neu, der Wirklichkeitsbezug ist gegeben, die geschichtliche Probe war relativ kurz, aber trotzdem wirksam und insofern gelungen. *Muss die Freiheit unbedingt scheitern???*

---

[44] George Orwell, 1984, übersetzt von Wagenseil, Berlin 1995, Geleitwort

IX. SCHLUSSWORT

Der Versuch das Wesen der Philosophie in einem breiten Zusammenhang zu bestimmen, bringt eine Tatsache zum Ausdruck, die der Philosophie eigentümlich ist: Der Philosoph
muss klar machen, was er unter „Philosophie" versteht.

Die Tatsache, dass der Ansatz zum Philosophieren („Ursprung") sich in einer sehr persönlichen Grundsituation befindet, bedeutet, dass die philosophierende Person sich mit
keiner der schon bestehenden Systeme der Philosophie iden-
tifizieren kann: Sie kann ihr nicht die von ihr verlangte le-
benswichtige Orientierung geben.

Eine derartige Situation zwingt oft zur Prägung neuer Begriffe, die es der philosophierenden Person möglich machen,
ihre Aussagen so zu formulieren, dass ihre Absicht dabei auf
eine genaue Weise zum Ausdruck kommt. Dies wiederum ermöglicht die Konstitution von Zusammenhängen, die klare
Differenzierungen ermöglichen – und zum Schluss die Konstitution eines Gesamtzusammenhangs, der mit seinen **er-
kenntnis-mäßigen** Bestimmungen die Wahrheit bestimmt,
die wir als Wirklichkeit erkennen.

So wird uns klar, warum philosophische Systeme immer mit
einem bestimmten Namen wesentlich verbunden sind: Sokrates, Platon, Aristoteles, Spinoza, Kant, Cohen, Heidegger
und so weiter.

Diese Namen werden in der Regel nicht als Namen von Uni-
versitätsdozenten genannt, sondern als Philosophen, die etwas Wesentliches bezüglich Mensch und Welt, aber manch-
mal auch über Gott zu sagen haben, etwas, was persönliche
Orientierung in der so erkannten Wirklichkeit ermöglicht.

Um diese Art der Lebens-Orientierung bildlich zu verdeutlichen, können wir uns dem Bau eines Hauses bedienen. Schematisch können wir drei Phasen der Errichtung eines Hauses ausmachen: Fertigstellung eines Fundaments, der Rohbau, der darauf errichtet wird – und die individuelle Gestaltung der Außenseite des Gebäudes, wie auch die der Innenräume.

Die Philosophie hat zur persönlichen Aufgabe die Errichtung eines massiven Fundaments und – wenn es gelingt – den Rohbau. Bis zu diesem Punkt haben wir es mit allgemein Gültigen, vorgegebenen Konstruktionen zu tun. Diese Grundlage der erkenntnis-mäßig bestimmten objektiv bestehenden Wirklichkeit ist der Kompass, der uns ermöglicht, in diesem Rahmen unsere Persönlichkeit und unsere Individualität, wie auch die Organisation von Gemeinschaft und Gesellschaft zu bestimmen, die unsere Persönlichkeit und Individualität angemessen ist.

Liebe Leserin, lieber Leser, bei der Beschäftigung mit schon bestehenden Systemen der Philosophie wie auch mit den verschiedensten Arten von literarischen Werken sollten Sie unbedingt das Wort, das die Dichterin Gertrud Kolmar in einer ihrer Gedichte an den Leser und an die Leserinnen richtet, beherzigen:

„Du hältst mich in den Händen ganz und gar.

Mein Herz wie eines kleinen Vogels schlägt
In deiner Faust. Der du dies liest, gib acht;
Denn sieh, du blätterst einen Menschen um.
Doch ist es dir aus Pappe nur gemacht,

Aus Druckpapier und Leim, so bleibt es stumm
Und trifft dich nicht mit seinem großen Blick,
Der aus den schwarzen Zeichen suchend schaut,
Und ist ein Ding und hat ein Dinggeschick."[45]

---

[45] Gertrud Kolmar, Weibliches Bildnis, Gedichte, „Die Dichterin", München 1987, S. 7

Zeitfracht Medien GmbH
Ferdinand-Jühlke-Straße 7
99095 Erfurt, Deutschland
produktsicherheit@kolibri360.de